KB106215

한글교양

한글교양

한국인이라면 알아야 할 한글에 관한 모든 것

김슬옹 지음

아카넷

책머리에

왜 '한글교양'인가?

'한글'이란 우리 고유의 문자를 가리키는 명칭이다. 그런데 이 말은 공교롭게도 일제강점기, 우리 말글 주권을 빼앗기면서 사용하기 시작했다. 이런 점에서 한글은 근현대 우리글을 일컫는 명칭이지만 그 뿌리는 훈민정음에서 왔으므로 넓게 보면 15세기 훈민정음까지를 아우르는 말이다.

훈민정음 창제는 1443년에 마무리되었고 1446년에 반포되었다. 훈민정음은 조선 시대 임금이 직접 창제하고 제정한 공식 문자였지만 주류 공식 문자인 한자에 밀려 오랜 세월 실제 공식 문자로서 제구실을 하지 못했다. 한글이 주류 공식 문자로 선언된 것은 반포 452년 만인 1894년에 이르러서였다. 그렇지만 한글이 제자리를 잡아가던 중 1910년 경술국치를 맞이하자 한글은 주류 공식 문자 자리를 다시 일본 글자에 내주고 말았다.

우리는 1945년 해방이 되고 나서야 말글의 주권을 되찾고 한글의 지위를 복권할 수 있었다. 그 이래 70년이 흘렀지만 과연 우리가 한글을 얼마나 알고 제대로 부려 쓰고 있는지 되묻지 않을 수 없다. 어느덧 한글 나이가 500년을 훌쩍 넘어섰지만 여전히 한글에 관해 오해도 많고 논쟁도 많다. 또 한편으로는 무수한 담론이 사회에 팽배해 있다. 누가 만들었고 어떻게 퍼져나갔는가에 대한 기본적인 물음부터 시작해 앞으로 우리가 한글을 어떻게 부려 쓸 것인가에 이르기까지 확인하고 점검해야 할 문제가 너무나도 많다.

그래서 현대를 사는 한국인에게 한글교양은 더더욱 필요하다. 교양은 누구나가 상식적으로 알아야 할 지식이다. 누구에게나 보편적으로 통하는 지식이 곧 교양이다. 전문가나 특별한 사람에게만 필요한 지식이 아니라는 뜻이다. 한글에 대해서도 누구나 똑같이 갖추어 함께 나눌 수 있는 상식이 필요하다. 그것이 곧 '한글교양'이다. 그래서 이 책은 'ㄱ ㄴ ㄷ ㄹ ㅁ ㅂ ㅅ ㅇ ㅈ ㅊ ㅋ ㅌ ㅍ ㅎ' 한글 자음 열네 자에 맞추어 한글교양의 가치와 의미를 부여하고자 하였다.

왜 한글교양을 알아야 하는가? 우리는 500년 넘게 한글을 사용해왔으면서도 그 가치를 제대로 빛내지 못했다. 한글의 보배로움을 빛내려면 우리 모두가 한글에 관한 교양을 함께 나누고 그것을 바탕으로 새로운 가치를 만들어나가야 한다. 실천 없는 교양은 맹목이듯이 한글을 제대로 알고 실천하는 노력이 필요하다. 그러려면 여기에 걸맞은 '교양'의 공유가 밑받침되어야 한다. 이 책이 '한글교양'을 내세운 이유가 여기에 있다. 이 책에 담아낸 열네 가지 지식이야말로 공유하고 실천할 수 있는 '한글교양'의 바탕이기 때문이다.

한글은 우리 고유의 자산으로만 머물러 있지 않다. 한글은 인류가 지향해야 할 최고의 가치를 간직한 문자이다. 한국의 대표 브랜드이자 동시에 인류의 소중한 문화유산이기도 한 것이다. 한글의 이러한 보편적 가치와 의미를 함께 나누기 위해서라도 제대로 된 한글 교양을 갖출 필요가 있다. 그래서 한국인이라면 알아야 할 한글에 관한 모든 것을 이 책에 담고자 하였다.

그렇다면 한글의 핵심 가치는 과연 무엇일까? 바로 교양 정신이다. 세종의 한글 창제 정신의 근본은 교양 정신이라 할 수 있다. 교양은 누구나가 알아야 할 지식인데 세종이 바로 그런 의도에 부합하는 문자를 만든 것이다. 그래서 훈민정음은 교양의 바탕이 되거나 교양을 쌓는 교육의 징검다리가 되었다. 한글에는 배움과 소통의 정신이 깃들어 있다. 한글은 쉽고 간결해 누구나 배울 수 있는 길을 열어주었다. 특권 계층만 글을 읽을 수 있었던 시대에 한글은 하층민과 여성 등 모두가 지식을 얻고 함께 소통할 수 있는 문자가 되었다.

더 중요한 것은 한글의 가치가 과거에만 머물러 있지 않는다는 것이다. 오늘날의 기준으로 보더라도 한글의 가치는 여전하다. 대표적인 예로 한글은 어울림과 생성의 문자이다. 한글은 자음과 모음이 어우러지고 첫소리 글자와 가운뎃소리 글자, 끝소리 글자가 한데 어우러지는 아름다운 도형 문자이자 예술 문자이다. 그러면서도 최소의 자음자와 모음자로 거의 무한대의 글자를 생성해낼 수 있는 생성의 문자이기도 하다. 한글에 담긴 보편 가치 또한 주목할 만하다. 하늘·땅·사람이 어울려 하나 되는 천지자연의 보편적 원리가 담긴 한글을 쓰는 것 자체만으로 우리는 하늘이 사람이고 사람이 땅인 보편 가치를 나누는 사람다움을 이룰 수 있다. 한글은 융합 학문의 응결체이다. 음악, 천문학, 언어학, 과학, 수학, 철학 등 거의 모든 학문이 녹아 있어 요즘 중요시하는 통합적 학문정신과 융복합의 뿌리가 이미 훈민정음, 한글에 발현되었음을 알 수 있다.

이 책은 크게 네 개 부로 나누어 구성하였다. 1부에서는 한글 창제와 반포에 관한 진실을 다뤘다. 모든 교과서에서 한글을 세종이 단독으로 창제한 것이라 하고 있지만, 아직 대다수 국민들은 세종대왕이 집현전 학사들과 함께 창제한 것으로 알고 있다. 어느 유명 사회학자는 세종 친제설을 편협한 민족주의로 보기도 한다. 세종이 단독 창제했다는 것은 역사적 사실이고 진실인데도 선입견과 어설픈 지식을 앞세워 역사적 사실을 믿지 않고 알려고도 하지 않는다. 물론 단독 창제라고 해서 모든 걸 세종이 혼자 했다는 것은 아니다. 따라서 당시 누가 세종을 도왔고 누가 한글 창제를 반대했는지 그 맥락을 따져 정확한 진실을 가려낼 필요가 있다. 이 밖에도 1부에서는 《훈민정음》해례본과 언해본을 포함하여 한글의 뿌리에 대한 교양도 함께 담았다.

2부에서는 한글의 과학성과 우수성에 대해 살펴보았다. 한글의 우수성을 강조하면 이 역시 편협한 국수주의로 보곤 한다. 한글의 과학성과 우수성은 이미 세계 유명 언어학자들도 두루 인정한 바이다. 따라서 이 주장은 민족주의적 측면보다는 보편주의적 측면이 더 강하다고 할 수 있다. 2부에서는 우월주의가 아닌 보편주의적 관점에서 훈민정음의 확장성 문제를 다루었다.

3부에서는 한글 명칭에 얽힌 역사를 다루었다. 한글의 뿌리가 되는 명칭, 즉 훈민정음과 언문 등 그 고유 명칭 자체가 한글에 대한 자부심은 물론 아픈 역사를 동시에 담고 있다. 그리고 'ㄱ, ㄷ, ㅅ'을 왜 '기역, 디귿, 시옷'이라 부르게 되었고 '기윽, 디읃, 시읏'으로 바꾸어야 하는지와 한글 맞춤법에 담긴 근본 원리도 살펴보았다.

4부는 지금까지 한글을 지키고 가꿔온 역사를 돌아보면서 앞으로 한글을 어떻게 발전시켜나갈 것인가를 점검해보았다. 세종대왕 이후의 임금들은 훈민정음을 어떻게 사용하였는지, 일제강점기에는 우리 말글을 어떻게 지켰는지, 그리고 광복 후 우리 말글이 어떻게 발전해왔으며, 더불어 인공지능 시대의 한글은 어떠해야 하는지까지 생각해볼 기회가 될 것이다.

여기에 더해 부록으로 한글과 관련된 200여 가지 사건들을 연표 방식으로 정리해 한글의 역사를 한눈에 조망할 수 있게 하였다.

소통과 어울림의 시대를 맞아 이 책이 한글의 참가치를 깨치는 징검다리가 되었으면 한다. 그리고 누구나 두루 쉽게 읽을 수 있는 한글에 관한 단 하나의 교양서로 자리 잡을 수 있길 기대한다. 이 책은 필자가 대표 집필을 맡아 문체부가 한글날 펴낸 소책자《누구나

알아야 할 한글 이야기 10+9》를 바탕으로 삼았다. 소책자를 기획한
고 김혜선 국어정책과장과 남영신 국어문화운동본부 회장님, 자문
을 맡아주신 정우영 교수님, 이대로 회장님, 한재준 교수님, 감수와
교열을 맡아주었던 최경봉 교수님, 국립국어원 여러 선생님, 교열과
맵시를 맡아주었던 김수정, 김웅, 구슬기, 황일선, 강수현, 양효정
님을 비롯한 많은 분들께 감사의 말을 전한다.

　소책자를 큰 책으로 넉넉하게 키워준 아카넷은 이제 21세기 교양
학당으로 우뚝 섰기에 더욱 뿌듯함을 느낀다. 이 책을 기획해준 이기
섭 선생님, 혼신의 힘을 기울여 책 꼴을 갖출 수 있게 편집해준 편집
부 여러분들과 큰 기쁨을 함께 나누고자 한다. 한글교양에 담긴 세종
정신을 널리 나누는 세종국어문화원, 한글을 통해 21세기 세종이 되
고자 하는 전 세계인들과도 출간의 기쁨을 함께 나누고자 한다.

한글가온길, 세종국어문화원에서
지은이 김슬옹 적음

차례

2부 한글의 과학성과 우수성

3부 한글 명칭의 역사와 맞춤법

4부 한글 가꾸기의 역사와 미래

1부

한글 창제와 반포의 진실

ㄱ
과연 한글은 세종대왕
혼자 만들었나?

그런 위대한 문자를 혼자 만들었다고요?

한글, 곧 훈민정음을 누가 언제 왜 만들었는가는 늘 뜨거운 관심사다. 핵심 증거 문헌인 조선왕조실록과 《훈민정음》 해례본에 세종이 직접 혼자 만들었다고 쓰여 있는데도 도무지 믿지 않고 그건 임금에 대한 '예우' 차원일 뿐이라고 무시해버린다. 그렇다면 글쓴이도 잘라 말할 수밖에 없다. 양반 사대부들은 공동 창제자가 될 수 없다고. 조선 시대 양반 사대부들은 한자 이외의 문자는 상상할 수도 없었다. 그래도 믿지 않는 사람들에게 정약용, 박지원, 박제가 같은 18~19세기 실학자들조차 한글 사용을 거부했다고 하면 그제야 고개를 갸우뚱거린다.

세종이 단독으로 한글을 창제했다는 것은 세종을 영웅화하기 위해서가 아니고 오직 역사적 사실일 뿐이다. 세종은 10년 이상을 우

ㄱ

리말에 안 맞는 한자, 한문에 대해 고민하다가 새 문자 28자를 만들 이 1443년 12월에 공표하였다. 그 후에 새 문자의 가치와 세종의 새 문자 정책에 동조했던 집현전 학사들이 새 문자에 대한 해설서 집필과 반포를 도왔다. 이 때문에 공동창제설 또는 협찬설이 생긴 것이지만 안타깝게도 이때 도와준 집현전 학사들은 개인적으로는 한글을 쓰지 않았다. 공동 창제자라면 안 쓸 리가 없지 않은데도 말이다. 신미대사가 창제를 도왔다는 설이 있지만, 신미대사는 반포 후에 세종을 도왔다.

세종이 단독으로 한글을 창제했다는 사실을 밝히는 것은 이러한 맥락 속에 역사적 진실과 한글 창제의 역사적 당위성, 필연성이 녹아 있기 때문이다. 그러면 그 당위성에 담겨 있는 역사적 가치는 무엇이며 우리에게 어떤 의미가 있을까?

세종 단독 친제의 증거들

세종대왕이 단독으로 한글을 창제했다는 증거나 근거를 1차 자료와 2차 자료로 나눠 살펴보자.

가장 강력한 1차 증거는 세종대왕이 직접 저술한 《훈민정음》해례본 서문에 간결하면서도 명확하게 나와 있다.

우리나라 말이 중국과 달라 한자와는 서로 통하지 아니하여서 이런 까닭으로 어리석은 백성이 말하고자 하는 바가 있어도 마침내 제 뜻을 펴지 못하는 사람이 많으니라. 내가 이것을 가엾게 생각하여 새로 스물여덟 글자를 만드니, 모든 사람들로 하여금 쉽게 익혀서 날마다 쓰는 데 편하게 하고자 할 따름이니라. —《훈민정음》해례본 세종 정음 서문

이렇듯 세종이 직접 "내가 …… 만드니"라고 밝히고 있다. 창제 동기와 목표를 기술하면서 한글 창제 주체를 스스로 밝히고 있는데 공동 창제설을 주장하려면 이 말이 거짓임을 입증해야 한다. 이건 창제 주체자가 직접 쓴 것이니 객관성이 떨어진다고 하면, 한글 창제 사실을 처음으로 알린 당시의 상황을 생생하게 기록한《세종실록》을 보자.

이달에 임금이 친히 언문 28자를 지었는데, 그 글자가 옛 전자篆字를 모방하고, 초성·중성·종성으로 나누어 합한 연후에야 글자를 이루었다. —《세종실록》세종 25년(1443년) 12월 30일

"친히 지었다는" 뜻의 '친제親制'에서의 '친'은 임금임에도 직접, 손수 만들었다는 의미이다. 임금이 누군가에게 명하여 만든 게 아니라는 의미기도 하다. 이 기록의 진정성은《훈민정음》해례본에서 당대 최고의 관리이자 학자인 정인지의 입을 빌려 그대로 증명되고 있다.

1443년 겨울에 우리 전하께서 친히 정음 스물여덟 자를 창제하여, 간

략하게 예와 뜻을 적은 것을 들어 보여주시며 그 이름을 '훈민정음'이라 하셨다. 《훈민정음》 해례본 정인지서

역시 우리 '전하'라 하며 세종이 창제했다고 밝히고 있다. '상친제 上親制'에서 '상임금'이 '아전하我殿下'로 바뀌고 '제制'는 '창제創制'로 바뀌었다. 일부에서 '제制'는 '제製'와 다르게 순수한 창제가 아니라고 하는 이들도 있으나 '制'는 언해본에서도 '만들다'로 해석했고, 정인지의 서문에 '창創'이 붙었으므로 그러한 이의 제기는 성립하기 어렵다. '창제'는 15세기나 지금이나 새로운 발명을 의미하기 때문이다.

더 나아가 '정인지서'에는 창조 주체자인 세종과 여덟 명의 학사들이 해례본을 저술한 동기와 맥락을 정확히 밝히고 있다.

드디어 전하께서 저희들로 하여금 상세한 풀이를 더하여 모든 사람을 깨우치도록 명령하시었다. 이에, 신이 집현전 응교 최항과 부교리 박팽년과 신숙주와 수찬 성삼문과 돈녕부 주부 강희안과 행 집현전 부수찬 이개와 이선로들로 더불어 삼가 여러 가지 풀이와 보기를 지어 그 대강을 서술하였다. ─《훈민정음》 해례본 정인지서

여덟 명은 세종 명으로 풀이를 더했다는 것이다. 세종이 만들어 놓은 1차 자료를 바탕으로 그것을 자세히 풀어낸 것뿐이지 자신들이 자발적으로 이 해설을 쓰지 않았음을 밝혔다. 또 이들은 창제 주체자인 세종의 새 문자 창제의 공에 대해 이렇게 평가하고 있다.

> 공손히 생각하옵건대 우리 전하는 하늘이 내신 성인으로서 지으신 법
> 도와 베푸신 업적이 모든 왕들을 뛰어넘으셨다. —《훈민정음》 해례본 정인지서

'하늘이 내린 성인'이란 표현은 황제급에나 쓰는 표현인데 중국에
대한 사대를 생명처럼 여기는 이들이 이런 헌사를 바쳤다.

이렇게《훈민정음》 서문에서 창제자가 직접 서술한 내용의 진정
성과 역사성을 관련 기록에서 두루 증언하고 있는데도 믿지 않는다
면 또 어떤 증거가 필요한가. 그렇다면 이는 어떤가?

> 신 등이 엎디어 보건대, 언문을 만든 것이 매우 신기하고 기묘하여,
> (임금께서) 새 문자를 창조하시는데 지혜를 발휘하신 것은 전에 없이 뛰
> 어난 것입니다. — 온라인《세종실록》 세종 26년(1444년) 2월 20일

훈민정음 창제 후 반포를 반대했던 최만리 등 7인의 갑자상소에
서도 세종 친제를 증언하고 있다. 언문, 곧 훈민정음의 놀라운 기능
과 우수성을 언급하고 나서 처음 발명을 뜻하는 '창물創物'이란 표현
을 쓰고 있다. '형출천고夐出千古', 이는 아득히 먼 옛날 단군 시대 그
이상의 시대부터 지금까지 없었던 일을 세종이 해냈다는 것이다.

그럼 이제 2차 문헌 기록을 보자. 같은 시기의 증언과 문헌 기록
에서도 세종 친제임을 밝히고 있다. 먼저《동국정운》 서문에서 신숙
주가 한 증언을 보자.

신들이 재주와 학식이 얕고 짧으며 학문 공부가 좁고 비루하매, 뜻을 받들기에 부족하 1 매번 지시하심과 돌보심을 번거로이 하게 되겠기에, 이에 옛사람이 편성한 음운과 제정한 자모를 가지고 합쳐야 할 것은 합치고 나눠야 할 것은 나누되, 하나의 합침과 하나의 나눔이나 한 성음과 한 자운마다 모두 주상 전하의 결재를 받고, 또한 각각 고증을 하여, 이에 사성으로 조절하여 91 운과 23 초성을 정하여가지고, 임금께서 친히 지으신 훈민정음으로 그 음을 정하였다.

신숙주는《훈민정음》해례본 저술에 깊숙이 관여한 학자다.《동국정운》은 동국東國 곧 조선의 기준으로 조선에서 만든 훈민정음 체계로 한자음을 나누고 기록한 책으로《훈민정음》해례본 작성 1년 뒤인 1447년세종 29년에 완성하고, 1448년세종 30년에 전국에 있는 각종 교육기관에 보급하였다.《동국정운》자체도 세종의 기획과 세심한 지시로 이루어졌으며,《동국정운》에 쓰인 한자음 표기 문자인 훈민정음을 세종이 친히 지었음을 밝히고 있다.

역시 신숙주가 대표 집필한《홍무정운역훈》서문에서 신숙주의 증언은 일관되게 이어지고 있다.

우리 세종대왕께서 운학성운학에 뜻을 두고 끝까지 연구하여 훈민정음 몇 글자를 창제하셨다.

《홍무정운》은 명나라 황제가 펴낸 중국 운서韻書, 한자 발음 사전이고 여기에 나오는 한자음을 훈민정음으로 적은 책이 《홍무정운역훈》이다. 발음과 문자 연구에 꼭 필요한 성운학을 연구한 끝에 훈민정음을 창제했다는 것이다.

신숙주와 더불어 《훈민정음》 해례본 집필에 참여하고 해례본 간행 1년 전에는 요동반도에 와 있던 황찬이라는 중국 음운학자를 만나기도 했던 성삼문이 대표 집필한 《직해동자습》 서문에서도 이러한 증언이 확인된다.

> 우리 세종과 문종께서 이를 딱하게 여기시어 이미 훈민정음을 만드시니, 비로소 천하의 모든 소리를 다 기록하지 못할 것이 없게 되었다.

여기서는 세종과 문종이 함께 만들었다고 하지만 문종이 왕세자로서 측근에서 보좌했다는 의미로 받아들이면 된다. 최소한 《훈민정음》 해례본에 참여한 여덟 명의 학사와 더불어 창제하지 않았다는 반증도 된다.

물론 세종대왕이 단독으로 한글을 창제했다고는 해도 집현전과 같은 훌륭한 연구소와 수많은 인재의 도움이 있었기에 가능한 일이었다. 한글은 언어학과 음악, 천문학 등 여러 학문을 두루 잘 아는 사람이, 더욱이 사람 사이의 소통을 중요하게 여기는 사람이 오래 연구해야 만들 수 있는 문자지 여럿이 함께 만들 수 있는 문자가 아니다. 다만 다양한 분야의 전문가들이 세종대왕의 연구를 간접으로 도왔기에 단독 창제도 가능했다.

임금만이 가능한 비밀 프로젝트

세종이 단독으로 한글을 창제했다는 것은 결국 1443년 12월에 최초 공표할 때까지 비밀 프로젝트로 진행했다는 얘기이기도 하다. 이는 비밀리에 추진했다는 증거와 그 이유를 밝히면 된다.

첫째, 1443년 12월에 창제 사실을 밝힐 때까지 관련 기록이 전혀 없다는 것이다. 물론 임진왜란 때 불탄 1차 기록인 승정원일기에는 남아 있었을 수도 있겠으나 실록 자체만 본다면 그런 기록이 전혀 없다. 문자가 어느 날 갑자기 발명할 수 있는 것이 아닌 만큼 오랜 세월 연구를 진행했다는 것이 분명한데도 단 한 건도 없다. 실록에는 1443년 12월에 28자를 창제했다고 간단하게 실려 있지만, 그 28자를 만들기 위해 얼마나 많은 연구와 세월이 필요했을지는 뻔하다. 1444년 2월 16일에 중국 운서 한자음을 훈민정음으로 적으라고 지시를 내렸다는 것은 그만큼 새 문자에 자신감이 넘쳤고, 중국 운서와 관련해서 세심한 연구가 이미 마무리되었음을 뜻한다.

둘째, 공개 프로젝트로 진행하는 것 자체가 불가능했다는 것이다. 협찬설을 주장하는 사람들조차 한글 창제가 세종의 단독 아이디어였다는 것만큼은 부정하지 않는다. 그런 아이디어를 공개하고 거기에 동참할 사대부 연구 집단을 마련할 수 있었을까? 이를테면 "대감들 우리 한번 한자와 다른, 한자보다 더 뛰어난 새 문자를 만들어봅시다"라는 제안이나 명령이 통할 수 있었을까? 아니, 그런 논의 자체가 불가능했다. 1443년 12월 이후 일부 사대부들이 동조한 것은 이미 문자 창제가 끝났고 그 뛰어난 기능에 설득당했기 때문이다. 운서는 사대부들의 필수 도구였다. 하지만 운서의 한자음은 중국의 뜻글자로는 제대로 적는 것조차 불가능해서 배우기가 매우 어려웠다. 그런 운서의 한자음을 마음대로 적을 수 있는 문자가 나왔으니 어찌 설득당하지 않을 수 있었겠는가.

그러니 새 문자에 대한 실증이 이루어지지 않은 상황에서 공개나 공동 연구는 불가능한 일이었다. 《훈민정음》 해례본 저술에 참여한 여덟 명의 학사조차 실제 개인 문자 생활이나 공적 문자 사용에 훈민정음을 적용하지 않았다. 18~19세기 정약용, 박지원, 박제가 같은 실학자들조차 한글 사용을 거부했을 정도니, 어느 정도였는지 짐작할 수 있을 것이다. 김만중, 정철, 이황, 이이와 같은 극히 일부 사대부들을 제외하고는 한자 외 문자는 상상조차 할 수 없었던 것이 조선의 현실이었다.

셋째, 세종만이 창제의 주체가 될 수밖에 없다는 간접 증거는 꽤 여러 가지가 있다. 세종의 오랜 교화와 소통의 꿈이 반영된 것이 훈민정음인데 그와 관련된 기록이 창제 17년 전인 1426년부터 보이기 시작한다. 바로 한자, 한문 사용의 어려움, 소통과 교화의 어려움에 대한 토론이다. 이 점은 다음 장에서 상세하게 기술하도록 하겠다.

넷째, 새 문자 창제는 고도의 집중적 연구가 필요한 작업이다. 만일 공개 프로젝트로 진행했다면 끊임없이 반대 상소에 시달려야 했을 터인데 그랬다면 집중적인 연구가 어려웠을 것이다.

다섯째, 가장 중요한 것은 세종은 창제자의 조건인 통합적 사고와 창의성을 두루 갖춘 사람이었다는 것이다. 세종은 뛰어난 언어학자요, 과학자요, 예술가였다. 한글은 이러한 다양한 학문 분야에 정통한 학자의 통섭 접근이 있어야만 창제가 가능한 문자다.

여섯째, 한글 자체에 담겨 있는 놀라운 사상과 그러한 사상의 소유자가 바로 세종이라는 것이다. 훈민정음은 보편적 음성 과학과 보편적 철학음양오행+천지인 삼조화 사상의 철저한 결합이다. 훈민정음의 배경 이론은 천문과 음악 연구를 바탕으로 구축한 언어 이론뿐만 아니라 오늘날의 랑그langue 중심의 근대 언어학과 파롤parole 중심의 탈근대 언어학 원리도 반영되어 있다.

세종이 한글을 단독으로 창제했다고 해서 임금으로서 누렸을 각종 역사적 혜택을 부정하려는 것은 아니다. 임금이 아니었고 임금으로서의 권력이 아니었다면 당연히 창제도, 반포도 불가능했을 것이다. 그럼 이렇게 정리해보자. "역사는 세종을 만들었지만 세종은 역사를 새롭게 썼다."

협찬설의 가장 큰 뿌리는 그런 위대한 문자를 세종 혼자 만들었을 리 없다는 상식적 의심에서 비롯되었다. 물론 혼자 그 위대한 문자를 만들 수는 없다. 세종은 임금으로서 국가 제도와 다양한 인재들을 간접적으로 활용했을 것이다. 다만 핵심 아이디어와 강력하게 추진할 수 있었던 의지는 세종 단독의 것이고, 임금으로서 왕실 가족과 수많은 신하에게서 간접적으로 도움을 받았을 뿐이다.

ㄴ

누가 왜 한글 반포를 반대했고
누가 어떻게 도왔나?

집현전 학사들의 대립, 7:7

세종은 훈민정음을 비밀리에 연구한 끝에 1443년 12월에 드디어 이를 공표하기에 이른다. 새 문자에 자신감이 있던 세종은 일반 백성들에게 널리 알리기 위해 하급 공무원인 서리들에게 새 문자를 가르치는 한편, 1444년 2월 16일에 중국 운서의 한자음을 집현전 학사들로 하여금 훈민정음으로 표기하게 한다. 그로부터 4일 뒤인 1444년 2월 20일 최만리를 비롯하여 신석조, 김문, 정창손, 하위지, 송처검, 조근 등 일곱 명이 언문훈민정음을 반대하는 상소문을 올린다. 갑자년 상소라 '갑자상소'라 부른다.

세종의 분노는 대단했다. 비록 하루 동안이지만 이들 일곱 명을 옥에 가두었다가 풀어주었다. 그 대신 이들을 비롯해 사대부 양반들을 설득하기 위하여 책을 펴내기로 결심한다. 그 책이 바로 1446년 음력

9월 상순에 간행되는 《훈민정음》 해례본이다. 이 책의 편찬을 도운 이들은 '정인지, 최항, 박팽년, 신숙주, 성삼문, 강희안, 이개, 이선로' 여덟 명이지만 강희안은 나중에 집현전 학사가 되므로 십현진 학사 역시 일곱 명이었던 셈이다. 결국 반대한 이와 찬성한 이가 7:7로 맞서 있다. 이들은 세종의 훈민정음 반포 핵심 조력자들이었다. 그럼 반대와 도움, 그 역사의 진실을 짚어보자.

훈민정음 반포 반대의 진실

최만리 등 7인이 올린 갑자상소의 진실

훈민정음 반대 상소문은 갑자년에 발표되었으므로 갑자상소라 하는데 《세종실록》에 전문이 실려 있다. 이를 살펴보면 이들도 훈민정음의 우수성에 대해서는 잘 알고 있었다. 상소문 첫 문장에 "신 등이 엎드려 보건대, 언문훈민정음을 만든 것이 매우 신기하고 기묘하여, 지혜를 나타냄이 저 멀리 아득한 옛것에서 나온 것을 알겠습니다"라고 쓰여 있다. 그렇다면 왜 반대했을까? 크게 세 가지 이유를 들어 훈민정음을 반대하였다.

첫째, 훈민정음 창제는 중국을 떠받드는 사대주의에 어긋나기 때문에 오랑캐나 하는 짓이라고 보았다. 이런 주장에 대해 세종은 즉답하지 않지만 세종도 중국을 전면 부정한 것은 아니었다. 중국의 것을 따르되 우리의 것을 지켜나가자는 것이었다.

둘째, 훈민정음이 학문을 정진하는 데에 오히려 손해만 된다는 것이다. 이에 대해 세종은 훈민정음 창제가 학문만을 위해 필요한 것이 아님을 강조하며, 학문보다는 백성들이 편안하게 사용할 수 있는 문자를 만드는 것이 더 중요하다고 역설했다.

셋째, 억울한 죄인이 생기는 것은 죄인을 다루는 관리가 공평하지 못한 탓이지 죄인들이 문자를 몰라서가 아니라고 했다. 이에 대해 세종은 훈민정음을 활용해 억울한 죄인을 구제하고 교화할 수 있다고 보았다.

두 측이 주장하는 근거를 이해하기 위해서는 서로의 입장이 달랐음을 이해해야 한다. 최만리 등 7인의 첫 번째 논거는 당시 보수 기득권층의 보편적 사고방식인 중화사상에서 나온 것이다. 중국은 대국으로 문명국가인데 조선은 그러한 나라의 보호를 받는 작은 중국_{소중화}이라는 것이다. 따라서 중국에 대해서는 한없이 떠받들었지만 소중화도 못 되는 이른바 오랑캐에 대해서는 우월감과 자부심이 대단했다. 그런데 이러한 생각이 당시 국제 정세에서는 합리적이었을지 모르나 이는 사실과 진리에 대한 객관적 인식까지 방해하는 엄청난 편견을 낳았다.

이를테면 서해는 밀물·썰물이 심한데 동해는 덜한 까닭을 양반들은 바닷물 흐름의 근원이 중국에 있으므로 서해는 중국에 가깝고 동해는 멀기 때문이라고 풀이했던 것이다. 이러한 세계관으로 문자를 대하니 무엇 하나 제대로 판단할 수가 없었다. 입말_{조선말}과 글말_중

국글이 전혀 다른 언어 모순조차 당연한 것으로 보았던 것이다. 따라서 누 번째 근서와 같은 언어 준신주의 오류를 범할 수밖에 없게 된다. 한문으로 저술한 것만을 학문의 대상으로 보았고, 중국 글을 익히고 중국 경전에 충실한 것이 학문의 전부인 것처럼 생각하던 시기였으므로 그런 생각은 당연한 것이었는지도 모른다.

그러나 말과 글은 학문의 유용한 수단은 되지만 그 자체가 학문이 아닌 것은 너무도 자명한 진리인데 사대주의 편견 때문에 그러한 것은 보이지 않았던 것이다. 그리고 그들 입장에서 보더라도 진정한 중화주의는 중국적인 내용을 조금이라도 더 많이 빨리 습득해야 하는 것일 텐데 문자 때문에 그들의 문화 습득이 더디게 되니 그들 스스로 모순에 빠지는 잘못을 저지른 셈이다.

갑자상소의 세 번째 근거는 세 가지 중에서 가장 합리성을 띤다. 사실 조선의 위민사상인 민본주의의 이상은 근본적으로 지배계층의 자세와 제도에 있는 것이지 언문 자체에 있는 것은 아니었다. 그러니까 새 문자를 만든다고 피지배층의 인권 상황이 눈에 띄게 개선될 것은 아니라는 것이다. 특히 피지배계층이 사람다운 대접을 제대로 받을 수 없었던 시대이고 보니 더욱더 그러했다. 그러나 언문이 벽서나 문학 작품 등으로 지배계층에 대한 항거의 수단이 되었던 것을 고려한다면 민본주의 이상을 실현하는 간접적 수단이 되었으므로 무조건 무시하는 것은 극단적인 생각이다.

결국 최만리 외 사대부 양반들은 중화라는 사대주의적 세계관과 기득권을 수호하고자 왕권을 견제하는 입장에서 한글 창제를 반대했다. 세종은 갑자상소 논쟁 이후 더 철저하고 합리적으로 양반들을 설득하고자 《훈민정음》 해례본 집필을 서둘렀을 것이다. 그리고 훈민정음 반포 반대 상소문을 올린 신하들을 설득한 후 더 철저히 훈민정음 반포를 준비했다. 더욱이 이러한 반대 상소는 단 한 건뿐이었으니, 오히려 대부분의 사대부 양반들은 훈민정음 반포를 반대하지 않았다는 사실을 짐작할 수 있다.

훈민정음 창제 사실을 알린 1443년 이후, 아마도 당시 같은 사대부 계층 사이에서도 많은 논쟁이 있었을 것이다. 그러나 기록으로 남아 있는 것은 최만리 등 7인의 상소문과 이에 대한 세종의 반박문뿐이다.

최만리 등 7인의 갑자상소에 대한 재조명

훈민정음을 활용한 세종의 문자 정책을 제대로 이해하려면 세종의 정책적 의도가 대단히 복합적이고 중층적이었다는 사실과 훈민정음 반포의 다목적성과 다기능성에 먼저 주목할 필요가 있다.

최만리 등 7인의 갑자상소에서도 훈민정음의 다목적성은 어느 정도 인정하고 있다. 한자를 모르는 백성들의 소통과 표현에 대한 세종의 정책을 비판했기 때문이다. 문제는 훈민정음의 다목적성과 한자음 표기에 대한 주요 맥락을 오해하거나 주관적으로 해석했다는 점이다. 오해가 아니라면 이와 같은 문제 제기가 계속 이어지거나 상소문이 빗발쳤어야 하는데 갑자상소 외 다른 상소는 단 한 건도 없었다.

찡디러지면 갑지상소는 훈민정음의 다목적성을 인정하면서도 '한자음' 표기에 대한 과도한 해석과 오해로 생긴 문제 제기였다.

상소문의 핵심은 정음 창제로 한자음 개혁을 하려는 것을 저지하고 그 문제점을 제기한 후 그런 개혁에 쓰이는 것이라면 정음 창제가 불필요하다는 주장을 한 것으로 핵심 의도는 중화 문화의 상징인 한자음을 개혁함의 부당성을 호소하려는 것이다. — 민현식(2011)

운서는 과거에서 필수적으로 사용되는 것이기에 지배층으로 입신하기 위해 사용해야 하는 운서를 고치거나 새로 편찬한다는 것은 한마디로 지배계층이 되는 길을 통제하겠다는 선언인 것이다. 최만리 등의 상소가 운서 문제를 특히 거론했는지 이해가 되는 지점이다.

이런 점에서 새 문자의 창제는 곧 중국에 대한 반항의 태도이며 사대 외교의 틀 속에서는 생겨나기 어려운 사업이었고 신료들의 반대에 부딪칠 수밖에 없는 사업이었다. — 이전경(2013)

세종이 훈민정음을 창제한 주된 동기가 한자음 표기는 아니었지만, 굳이 한자음 표기로만 본다고 하더라도 세종의 의도를 한자음 개혁으로 본 것은 잘못된 것이다. 세종의 의도는 한자음을 개혁하자는 것이라기보다는 제대로 적어보자는 것이었다. 제대로 적어본 적도 없는데 무엇을 개혁하겠다는 것인가.

갑자상소는 중국이 천 년 이상 해결하지 못한 한자음 표기를 해결한 언문의 신묘함에 놀라면서도 정작 그 한자음 표기보다는 중국이 해결 못 한 것을 조선이 해결한 '과도함'이 지나치다며 세종의 문자 정책을 비판하였다. 이는 마치 아버지가 해결 못 한 일을 아들이 해결하면 이게 불경죄가 아니냐는 식으로 접근한 셈이나 마찬가지다. 여기에 과도한 소중화 의식이 작용해 우리 식의 문자 때문에 오랑캐 나라로 전락할까 봐 전전긍긍했던 셈이다. 중국에 알려질까 봐 두려워했을 뿐만 아니라 그 두려움은 자기검열식 두려움이었다. 중국의 시각에서 보면 오랑캐 나라가 오랑캐 문자를 갖는 것은 관심 대상이 아니었다. 실제 훈민정음 반포 이후 중국의 공식 반응은 전혀 알려진 바가 없다.

중국은 천하통일이라는 정치적 계기에서건 중앙집권 통치의 필요성에서건 그들의 표준 발음을 적기 위해 운서 편찬 같은 처절한 노력을 기울여왔으나 결국 실패하고 말았다. 그것은 근본적으로 뜻 글자, 단어 글자로는 불가능한 것이었고 궁여지책으로 마련한 표기법이 이른바 반절법이었다. 물론 반절법을 고안하기까지 그 배경에 깔린 음운 분석 수준이나 음운 이론 수준은 상당한 것이었다. 하지만 문자의 절대적 한계와 모순으로 그런 학문적 성과를 반영할 수 없었다.

중국이 천 년 이상 노력했지만 해결 못 한 것을 세종은 10여 년의 연구 끝에 단순하면서도 명쾌하게 해결해버렸다. 그러한 성과에 대한 평가가 《홍무정운역훈》 서문에 드러나 있다.

우리 세종대왕께서는 하늘이 내린 성인으로 식견이 높고 널리 통달하여 지극하기 아니한 바 없으시어 성운聲韻의 처음과 끝을 모조리 연구하여 헤아리고 옳고 그름을 따져 칠음·사성과 하나의 세로 음과 가로 음이라도 마침내 바른 데로 돌아오게 하였으니, 우리 동방에서 천백 년 동안이나 알지 못하던 것을 열흘이 못 가서 배울 수 있으며, 진실로 깊이 생각하고 되풀이하여 이를 해득하면 성운학이 어찌 자세히 밝히기 어렵겠는가? 옛사람이 말하기를 '산스크리트어가 중국에 전해졌지만 공자의 경전이 인도로 가지 못한 것은 문자 때문이지 소리 때문이 아니다'고 하였다. 대개 소리가 있으면 글자가 있는 법이니 어찌 소리 없는 글자가 있겠는가.

지금 훈민정음으로 번역하여 소리가 운과 더불어 고르게 되면 같은 음을 쓰는 '음화音化', 다른 부류의 음으로 대신 쓰는 '유격類隔', 순서대로 음을 쪼개는 '정절正切', 맥락에 따라 다르게 음을 쪼개는 '회절回切' 따위의 번거롭고 또 수고로울 필요가 없이 입만 열면 음을 얻어 조금도 틀리지 아니하니, 어찌 풍토가 똑같지 아니함을 걱정하겠는가. 우리 여러 성스러운 임금께서 제작하신 묘법이 다 아름답고 다 선하여 고금을 넘나드는 동시에 전하께서 선대의 사업을 계승하는 아름다움이 또한 앞 시대보다 빛나도다.

물론 제대로 적기 위해서는 바르게 적어야 하고, 바르게 적는 것을 '개혁'이라고 할 수 있을 것이다. 이런 기본 맥락에 대한 오해는 다음과 같은 후대의 평가로 이어진다.

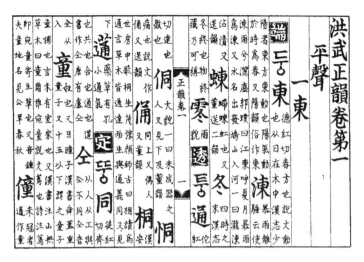

《홍무정운역훈》

당시 상소자인 원로 유신들은 정음이 시험적으로 운용된 결과물을 보고 모두 옛것 즉 기존 전통 음과 배치되는 새 한자음 개혁의 실상을 알고 한자음 개혁 사업 문제의 심각성을 제기한 것으로 보인다. 따라서 나중에 실패로 끝난 《동국정운》식 한자음 개혁의 실상을 보건대, 원로들의 문제 제기는 선견지명이 아닐 수 없다. ─ 민현식(2011)

《동국정운》식 한자음은 실패한 것이 아니다. 모든 한자음을 정확하게 적기 위해 전략을 쓰다 보니 일부 비현실적 한자음 표기법이 생겼는데 마치 《동국정운》의 한자음 표기 전체가 문제가 있는 듯 일부 논자들이 말하는 것은 잘못이다. 《동국정운》 서문에는 다음과 같은 편찬 원칙이 나와 있다.

공손히 생각건대 우리 주상 전하께옵서 유학을 숭상하시어 도를 중요하게 여기시며, 글을 가까이하여 백성을 가르치는 일을 널리 일으킴에 지극하지 않은 바가 없으시니. 온갖 일을 살피시는 여가에 이 일에 생각을 두시어, 이에 신 신숙주와 수집현전 직제학 신 최항, 수직집현전 신 성삼문·신 박팽년, 수집현전 교리 신 이개, 수이조 정랑 신 강희안, 수병조 정랑 신 이현로, 수승문원 교리 신 조변안, 승문원 부교리 신 김증에게 시키시어, 세속 관습을 두루 모으고 전해오는 문적을 깊이 살펴, 널리 쓰이는 소리에 기본을 두고 옛 음운의 반절법에 맞추어서 자모_{첫소리}의 칠음과 청탁과 사성_{평상거입}의 쓰임까지 연구하지 아니함이 없이하여 옳게 바로잡히도록 하셨다.

신들이 재주와 학식이 얕고 짧으며 학문 공부가 좁고 비루하매, 뜻을 받들기에 부족하니 매번 지시하심과 돌보심을 번거로이 하게 되겠기에, 이에 옛사람이 편성한 음운과 제정한 자모를 가지고 합쳐야 할 것은 합치고 나눠야 할 것은 나누되, 하나의 합침과 하나의 나눔이나 한 성음과 한 자운마다 모두 주상전하의 결재를 받고, 또한 각각 고증을 하여, 이에 사성으로 조절하여 91 운과 23 초성을 정하여가지고, 임금께서 친히 지으신 훈민정음으로 그 음을 정하였다.

또 '질質'·'물勿' 등의 여러 운은 '영影[ㆆ]으로써 '래來'[ㄹ]를 기워서 속음을 바로 잡아 바른 음에 맞게 하니, 옛 습관의 그릇됨이 이에 이르러 모두 고쳐진 것이다. 책이 완성되매 친히 이름을 하사하시기를,《동국정운《東國正韻》이란 이름을 내려주시며 신 숙주에게 명하시어 서문을 지으라 하셨다.

《동국정운》의 편찬 원칙과 전략을 보면, 훈민정음을 바탕으로 음을 정확하게 적기 위해 일차적으로 현실 음을 수집하고 옛 문헌을 살펴 가장 많이 쓰이는 음을 표준으로 삼는다고 하였다. 사대부 양반들은 《동국정운》으로 말미암아 한자를 제대로 이해하고 배울 수 있는 길이 열린 것이며, 오히려 이런 장점 때문에 이황 같은 이는 스스로 《논어집주》에서 고백했듯이 성리학 연구에서 중국 학자들보다도 더 깊이 있게 접근할 수 있다 하였다. 이런 학문적 접근이 아니더라도 언문은 사대부들의 한자, 한문 공부에 도움을 주어 사대부들이 조선 시대 내내 훈민정음 사용을 반대할 이유는 없었다.

갑자상소와 같은 오해의 1차 원인은 훈민정음 창제 과정이 비밀리에 이루어져 사대부들이 훈민정음 반포 맥락을 충분히 이해하기 어려웠던 것이고, 2차 원인은 훈민정음 문자 정책을 공개로 전환한 후 세종이 운서 번역을 시도한 것을 지나치게 확대 해석한 데에 있다. 또한 한자음 표기 외에 훈민정음 반포의 주요 맥락을 지나치게 과소평가한 데서 비롯되었다.

훈민정음을 반포하기까지의 조력자들

그렇다면 훈민정음 반포 공로자들은 누구인가?

세종이 훈민정음을 직접 창제했다고 해서 모든 것을 혼자 했다는 것은 절대 아니다. 그가 한 나라의 모든 정책을 총괄하는 임금이었기 때문이다. 그런 임금이 비밀리에 훈민정음 창제를 준비해야 할 만큼 새 문자 창제는 기적이었고 혁명이었지만 그런 비밀 준비 과정에서든, 그 사실을 1443년 12월에 공표한 이후든 조력자는 분명 있었을 것이다.

조력자를 조력자로 보지 않고 공동 창제나 공동 아이디어 산출자로 보는 것이 문제지 조력자를 제대로 조명하는 것은 세종이 역사적 사건의 주인공이 되게 한 사회적, 정치적 상황을 제대로 집어보게끔 하는 중요한 맥락이 된다.

여기서는 《훈민정음》 해례본 공동 집필자를 1차 조력자로 보고, 왕실 가족을 2차 조력자, 그밖에 신미대사와 같은 이들을 3차 조력자, 한자를 모르는 백성들을 4차 조력자로 보고 조명해보고자 한다.

《훈민정음》 해례본의 공로자들

세종대왕은 훈민정음을 창제한 뒤 집현전 학자들과 함께 훈민정음 해설서인 《훈민정음》 해례본을 만들었다. 훈민정음 해설서 집필에 참여한 집현전 학자는 '정인지, 최항, 박팽년, 신숙주, 성삼문, 강희안, 이개, 이선로'다.

정인지는 훈민정음 연구에서 가장 중요한 역할을 하였다. 1446년
에는 《훈민정음》 해례본 서문을 쓰고, 1447년에는 《용비어천가》를
지었다. 정인지는 세종대왕의 서문을 구체적인 예를 들어 보충하고,
해례본의 편찬 경위와 참여자, 훈민정음 창제자를 밝혀놓음으로써
훈민정음의 진정한 가치를 세상에 널리 알렸다. 또 역사, 천문, 음악
등에도 재주가 뛰어나 훈민성음 편찬사업 책임자로 적격이었다.

최항 역시 훈민정음 연구 분야에서 크게 공적을 남겼다. 《용비어
천가》의 발문을 쓰고 《훈민정음》 해례본을 집필하는 데에 크게 이바
지했다. 그는 역사와 어학에 재주가 뛰어나 《고려사》, 《동국정운》 등
을 편찬할 때에도 주도적인 역할을 하였다. 또한 1444년세종 26년에는
집현전 교리로서 《오례의주》를 편찬하고 《운회》를 번역했으며, 1461
년세조 7년에는 양성지의 《잠서》를 한글로 번역해서 펴냈다.

신숙주는 《훈민정음》 해례본을 집필하고 《동국정운》을 펴낸 중요
한 인물이다. 신숙주는 《동국정운》 서문에서 "성운글자의 소리은 곧 훌
륭한 사람의 길을 배우는 시작이다. 이리하여 우리 임금세종대왕께서
말소리에 마음을 두시고 고금의 모든 것을 두루 살피시고 지침이 될
만한 훈민정음을 만드시어 수억 년 동안 어리석게 살아온 자들을 깨
우치셨습니다"라고 하였다.

《동국정운》은 이상적인 중국 한자음의 표준을 적은 책인 만큼 그
책을 펴낸 것만으로도 훈민정음 연구에 위대한 업적을 남긴 것이었
다. 신숙주는 이두는 물론 중국어 · 일본어 · 몽골어 · 여진어에도 뛰

훈민정음 반포와 《훈민정음》 해례본 완성 당시
세종대왕과 공동 저자들의 나이와 직책

인물 (생몰연대)	1443년	1446년	식색
세종대왕 1397~1450	47세	50세	임금
정인지 1396~1478	48세	51세	집현전 대제학 정2품
최항 1409~1474	35세	38세	집현전 응교 정4품
박팽년 1417~1456	27세	30세	집현전 부교리 종5품
신숙주 1417~1475	27세	30세	집현전 부교리 종5품
성삼문 1418~1456	26세	29세	집현전 부교리 종5품
강희안 1417~1464	27세	30세	돈녕부 주부 정6품
이개 1417~1456	27세	30세	집현전 부수찬 종6품
이선로 ?~1453	?	?	집현전 부수찬 종6품

어나 훈민정음과 한자음의 연구와 보급에 힘썼다.

성삼문은 《훈민정음》 해례본 반포 1년 전인 1445년에 신숙주와 함께 중국 요동을 여러 번 방문하여 중국의 음운학자인 황찬에게 중국 한자음에 대해 의견을 구하였다.

박팽년은 세종이 펼친 한글 보급 정책의 8대 공신으로 성품이 침착하고 말수가 적으며 온종일 의관을 벗지 않고 단정히 앉아 있는 등 소학을 실천하는 삶을 살아 많은 사람에게 존경을 받은 인물이다. 집현전 학사 가운데서도 학문과 문장, 글씨 모두 뛰어나 '집대성'이라는 칭호와 최고의 평가를 받았으며 《훈민정음》 해례본을 짓는 일에 참여하였다. 이 밖에 《운회》를 한글로 번역할 때에 참여했으나 참화를 입어 저술은 전해지지 않는다.

강희안은 세종이 펼친 한글 보급 정책의 8대 공신이자 세종의 처조카이다. 세종 시대 안견, 최경과 더불어 '예술의 3절'이라 불릴 만큼 시, 서예, 그림에 능하고 학문적 역량이 뛰어났다. 조용하고 차분한 성격처럼 소박한 삶을 지향하여 왕실 친척을 관리하는 돈녕부 주부였지만 집현전 학사들과 함께 《훈민정음》 해례본을 펴냈다. 세조가 즉위한 을해년_{1455년} 강희안의 글씨를 저본으로 구리 활자 '을해자'가 만들어졌다. 집현전 학사들과 함께 《운회》를 한글로 번역하고 《용비어천가》와 《동국정운》 등을 편찬하였다. 그림 실력이 뛰어나 조선 팔도 지도와 서울 지도를 만드는 작업에도 참여하였다. 자연을 사랑하는 마음을 담아 우리나라 최초의 전문원예서인 《양화소록》을 펴냈으며, 〈산수인물도〉, 〈고사관수도〉 등의 그림을 남기기도 하였다.

왕실의 조력자들

공식 기록으로 확인할 수 있는 왕실의 조력자는 첫째 아들 이향과 둘째 아들 이유이다. 《훈민정음》 해례본이 안평대군 글씨가 맞다면 그가 세 번째 조력자일 테지만 그것을 입증할 만한 증거는 없다. 간접 기록을 통해서는 정의공주와 소헌왕후 또한 조력자다.

이향은 세종의 맏아들이자 조선의 5대 임금인 문종으로 여덟 살이라는 어린 나이에 왕세자로 책봉될 정도로 영특하고 학문을 좋아하였다. 유순하고 자상한 성격으로 집현전 학사들 또한 아끼고 사랑했다. 30년 동안 세자로 있으면서 아버지 세종을 도와 한글 창제와 교육에 중요한 역할을 하였다. 비난받을 일이 없을 정도로 착하고 어질었지만 몸이 허약하여 재위 2년 4개월 만인 서른아홉에 병사하였다. 《대학연의》에 한글로 토와 뜻을 달아 새 문자인 한글을 활용한 교육을 실천하였다. 왕위에 오른 뒤 매일같이 한글 번역 작업에 매진하였으며, 민본주의 과학 정치에도 투철하여 측우기 제작에 직접 참여하기도 하였다.

이유는 세종의 둘째 아들이자 조선의 7대 임금인 세조이다. 타고난 자질이 영특하고 학문에 능했으며 무예에도 뛰어났다. 세종의 한글 창제와 반포에 결정적인 구실을 하였고, 임금이 돼서도 한글 보급에 많은 노력을 기울였다. 세종이 지은 《월인천강지곡》과 자신이 지은 《석보상절》을 합해 《월인석보》를 펴냈고, 관리의 시험 과목에 훈민정음을 포함하는 등 세종의 뜻을 이어 한글 보급 정책에 앞장섰다. 그뿐만 아니라 《훈민정음》 언해본을 간행하기도 하였고, 간경도 감을 세워 불경을 한글로 옮긴 책들을 펴냈으며, 고전 시들을 모은 《명황계감》, 누에고치에 관한 책인 《잠서》를 한글로 번역하게 하였다. 《국조보감》, 《동국통감》 등의 사서와 《경국대전》도 편찬하게 하였다.

정의공주는 세종의 둘째 딸로 언니 정소공주가 일찍 죽는 바람에 아버지 세종의 귀여움을 녹차지하며 자랐다. 어릴 때부터 영민하고 글 읽기를 좋아해 세종의 한글 연구를 도운 공로로 많은 노비를 하사받을 정도였다. 특히 소리 변화에 따른 문자 표기 문제에 결정적인 도움을 주었다고 한다. 따라서 문종, 세조, 안평대군과 함께 한글 창제를 도운 왕실의 조력자 중 한 명으로 인정해야 할 것이다.

불교계 조력자들

신미대사는 충북 영동에서 정승까지 지낸 김훈의 맏아들로 태어났다. 스님이 되기 전 이름은 수성守省이다. 신미대사는 어려서부터 총명하여 일찍이 유교 경전을 익히고, 과거에 급제해 집현전 학사를 지냈다. 하지만 벼슬에 뜻이 없고 불교 교리에 심취해 속리산 법주사 승려가 되었다. 당시 유학자이자 관리였던 그의 동생 김수온은 집현전 학사이자 조선의 4대 문장가로 이름을 날렸다.

세종이 신미대사를 가까이하게 된 것은 세종 28년 1446년 3월 24일에 《훈민정음》 해례본을 간행하여 반포하기 6개월 전쯤 소헌왕후가 서거하면서이다. 서거 이틀 뒤인 26일 세종은 중궁의 명복을 빌기 위해 불경 만드는 사업을 본격화하려 했는데 이를 반대하는 신하들의 강력한 반발에 부딪치고 만다. 그러자 세종은 "그대들은 불경을 만드는 것을 그르게 여기는데, 어버이를 위하여 부처님께 명복을 빌지 않는 사람이 누구인가"라며 정면 돌파할 의지를 다진다. 실제로 사대부들도 부인들이 절에 가는 것은 막지 않았다. 세종은 국시인 성리학 이념을 떠나 제례 분야에서는 불교를 허용해야 한다는 입장이었다.

소헌왕후 서거 나흘 뒤인 3월 28일에 집현전에서 불경 편찬을 강력하게 반대했지만 세종 역시 받아들이지 않으며 이런 논리를 내세워 고금의 논리로 보면 사대부들의 불교 반대가 옳으니 내가 무지한 것이지만, 중궁을 잃은 슬픔에다가 나 스스로 몸이 너무 아파 고통스러우니 불교에 기댈 수밖에 없는 나를 이해해달라며 감성에 호소했다.

성리학 국시를 책임져야 할 임금으로서 불교를 반대하는 사대부들을 탓할 수 없었고, 이런 감성적 논리에 기댈 수밖에 없었던 것이다. 이런 감성적 호소가 통했는지 사대부의 반발이 잠잠해지자 이날 즉시 세종은 집현전 학사 이영서와 왕실 비서실 돈녕부 주부로 글씨를 잘 쓰던 강희안으로 하여금 성녕대군 집에서 불경을 금 글씨로 옮기라 명하였다.

이로부터 두 달쯤 뒤에 불경 편찬 작업이 끝나고 5월 27일에 금 불경을 대자암으로 옮겨 소헌왕후의 명복을 비는 행사를 벌였다. 이때 모인 스님이 무려 2천여 명에 달했고 이 불사는 7일간이나 계속되었다. 이때 행사 주관자인 정효강이 신미대사를 극찬하기를 "우리

화상和尙은 비록 묘당廟堂에 처하더라도 어떤 부족한 점이 있는가"라고 한 것이다. 사대부 입장에서 기술한 실록 기록이라 사관은 신미를 '간승'이라 하고 정효강의 말을 간승에 대한 아부 수준으로 기술하고 있지만 행사 주관자의 평가이므로 이 행사에서 신미의 역할이 컸음을 드러내 주고 있는 것만은 분명하다.

이런 기록으로 볼 때 세종이 신미대사를 직접 안 것은 소헌왕후가 운명하고 불경을 간행하면서부터인 듯하다. 《문종실록》 1450년 4월 6일 자 기록에서도 그렇게 전하고 있다.

드디어 대법사가 있은 지 4개월쯤 뒤 《훈민정음》 해례본이 완성되자 세종은 불경을 베끼는 수준이 아니라 아예 훈민정음으로 옮겨 명복도 빌고 새 문자도 보급하는 다중 포석을 놓고자 했다. 불경을 훈민정음으로 펴내기 위해서는 불경과 관련된 산스크리트어에 능통하고 훈민정음의 취지를 잘 아는, 이미 불사에서 검증된 신미대사와 그의 동생 김수온이 있어 마음 든든했을 것이다. 이때 세종의 나이 50세이고 신미대사는 1403년생이므로 45세였다.

드디어 수양대군으로 하여금 《석보상절》1447년 완성, 1449년 간행을 훈민정음으로 짓게 하고, 세종은 직접 찬불가인 《월인천강지곡》1447~1448년 완성 간행 추정을 훈민정음으로 펴낸다. 신미대사와 그의 동생 김수온의 도움 없이는 불가능한 일이었다. 불교 신도나 다름없고 신미대사를 깊이 존경하던 수양대군은 아버지 세종을 측근에서 보좌한 훈민정음 최고 전문가였으니 거리낌 없이 《석보상절》을 완성할 수 있었다. 사대부층을 배려하여 한자 글씨를 더 크게 하고 훈민정음은 작게 표기하였지만 새 문자를 적용한 문서로는 최고였다. 이 문서 편찬을 옆에서 관리 감독하던 세종은 아예 훈민정음을 한자보다 거의 세 배 가까이 키워 언젠가는 훈민정음이 한자보다 주류 문자가 될 것이라는, 훈민정음 창제자로서의 자신감을 내보였다. 중궁의 명복을 빌면서 부처님 말씀이 천 개의 강에 떠오르듯이 훈민정음이 만백성의 문자로 피어오르길 간절히 바랐는지도 모른다. 당연히 성리학의 나라에서 불경 책을 펴내는 일은 있을 수 없는 일이었지만 소헌왕후의 죽음을 빌어 세종의 감정적 호소를 사대부들 또한 막을 수 없었다. 이렇듯 《석보상절》, 《월인천강지곡》 저술과 보급의 중심에는 신미대사와 그의 동생 김수온이 있었다.

이런 맥락으로 보아 신미대사는 훈민정음 창제 후 불경을 언해하여 훈민정음 보급에 공헌하였음을 알 수 있다. 다만 1443년 12월에 창제 이전 기록은 전혀 남아 있지 않아 정확한 추론이 어렵다. 또 신미대사는 세조 때 《원각경》을 비롯해 《선종영가집》, 《수심결》 등 몽산화상의 법어를 훈민정음으로 번역하는 데에 직접 참여하기도 하였다.

훈민정음 반포 후 여러 기록에 불교를 상징하는 수가 곳곳에 숨어 있는 것에서도 불교의 영향이 꽤 컸음을 알 수 있다. 《월인천강지곡》과 《석보상절》을 합하여 편찬한 《월인석보》의 첫머리에 실린 '나랏말싸미 듕귁에 달아…'로 시작하는 세종의 한글 어지는 정확히 108자이다. 세종이 지은 해례본의 정음편'서문'+'예의' 한자 갈래 수도 108자이다. 언해본 서문 글자 수는 고 김광해 교수가, 해례본 정음편

없음 — 표 전사

《훈민정음》 해례본 정음편 한자 갈래 수와 언해본의 세종 서문 글자 수 배열표

	1	2	3	4	5	6	7	8	9	
	訓(1)	字(37)	終(3)	新(1)	用(3)	快(1)	齒(4)	穰(2)	成(1)	
	10	11	12	13	14	15	16	17	18	
	民(2)	不(2)	得(1)	制(1)	耳(1)	業(2)	即(2)	復(1)	左(1)	
	19	20	21	22	23	24	25	26	27	
	正(1)	相(1)	伸(1)	二(2)	矣(1)	舌(4)	慈(1)	連(1)	加(2)	
	28	29	30	31	32	33	34	35	36	
해례본	音(22)	流(1)	其(1)	十(1)	牙(3)	斗(1)	侵(2)	下(2)	一(1)	
정음편	37	38	39	40	41	42	43	44	45	108
(1446)	國(2)	通(1)	情(1)	八(1)	如(34)	覃(2)	戊(2)	則(5)	點(2)	(괄호는
	46	47	48	49	50	51	52	53	54	빈도 수)
	之(3)	故(1)	者(1)	使(1)	君(2)	呑(2)	邪(1)	輕(1)	去(1)	
	55	56	57	58	59	60	61	62	63	
	語(1)	愚(1)	多(1)	人(2)	初(26)	那(1)	喉(3)	合(2)	上(1)	
	64	65	66	67	68	69	70	71	72	
	異(1)	有(1)	予(1)	易(1)	發(23)	脣(5)	挹(1)	同(2)	無(1)	
	73	74	75	76	77	78	79	80	81	
	乎(1)	所(1)	爲(2)	習(1)	聲(43)	彆(2)	虛(1)	附(2)	平(1)	
	82	83	84	85	86	87	88	89	90	
	中(12)	欲(4)	此(1)	便(1)	並(7)	步(1)	洪(2)	右(1)	入(1)	
	91	92	93	94	95	96	97	98	99	
	與(1)	言(1)	憫(1)	於(2)	書(10)	漂(1)	半(2)	凡(1)	促(1)	
	100	101	102	103	104	105	106	107	108	
	文(1)	而(3)	然(1)	日(1)	虯(1)	彌(1)	閭(1)	必(1)	急(1)	

| 언해본 (1459) | 나·랏:말ᄊᆞ·미듕·귁·에달·아문·ᄍᆞ·와·로서르ᄉᆞᄆᆞᆺ·디아·니ᄒᆞᆯ·ᄊᆡ·이런젼·ᄎᆞ·로어·린빅·셩·이니르·고·져·홇·배이·셔·도ᄆᆞ·ᄎᆞᆷ:내제·ᄠᅳ·들시·러펴·디:몯ᄒᆞᇙ·노·미하·니·라·내·이·ᄅᆞᆯ·윙·ᄒᆞ·야:어엿·비너·겨·새·로·스·믈여·듧·ᄍᆞ·ᄅᆞᆯ밍·ᄀᆞ노·니:사ᄅᆞᆷ:마·다:ᄒᆡ·ᅇᅧ:수·빙니·겨·날·로·ᄡᅮ·메뻔한·킈ᄒᆞ·고·져·ᄒᆞᇙᄯᆞᄅᆞ·미니·라. | 108 |

글자 갈래 수는 박병천 교수가 처음 찾아냈다.

기록으로는 《훈민정음》 해례본의 세종 서문 54자가 언해본의 108자보다 먼저지만 사실 해례본은 번역이다. 곧 언해본과 같이 생각하고 글을 만든 후 한문으로 번역했다고 보아야 한다. 그래서 108자를 반으로 줄여 54자로 번역한 것으로 보기도 하지만 근거는 없다.

그리고 《훈민정음》 해례본은 모두 33장으로 이루어져 있는데 33은 불교의 우주관인 하늘을 상징하는 숫자이다. 훈민정음 기본자는 28자인데 28은 사찰에서 아침저녁으로 종을 치는 횟수와 같다. 물론 28이란 숫자는 하늘의 별자리 수와도 일치한다.

세종은 훈민정음 반포를 준비하던 1444년에 다섯째 아들인 광평대군을 잃고, 1445년에는 일곱째 아들인 평원대군을, 그리고 반포하던 1446년에는 왕비인 소헌왕후를 차례로 잃었다. 이러한 극한의 고통 속에서 개인의 슬픔마저도 잊고 만백성과 함께하는 문자를 만들고자 부처님 말씀과 불경에 의지했던 것이다.

훈민정음 창제는 세종이 기획하고 주도하였다. 그러나 혼자 할 수 있는 일은 아니다. 집단 지성이 필요했다. 세종은 임금이 되자마자 집현전을 정비하고 인재를 키웠다. 그런 수많은 인재들의 도움을 받아 임금으로서 연구한 셈이다. 훈민정음을 반대한 갑자상소의 주역들조차 결국에는 해례본 저술에 도움을 주었다. 갑자상소에 대한 반박이나 반론이 《훈민정음》 해례본 정인지서에 기술되어 있기 때문이다.

조력자들은 창제 전과 후로 나눌 수 있는데 창제 전은 비밀 프로

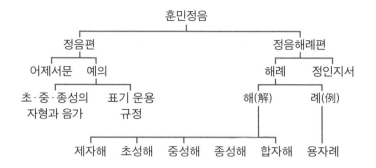

훈민정음 해례본 구조도

젝트였으므로 직계 가족인 왕세자, 수양대군, 안평대군, 정의공주 등이 세종을 도왔을 것이고, 《훈민정음》 해례본 간행 뒤에는 신미대사와 같은 불교계 인사들이 절대적인 조력자 구실을 했다. 하지만 어찌 보면 세종의 가장 큰 조력자는 한자 권력에서 소외당한 일반 백성들이었을 것이다. 이들이 훈민정음 창제의 가장 강력한 동기를 부여해주었기 때문이다.

ㄷ
《훈민정음》 해례본의
내용과 가치는 무엇인가?

《훈민정음》 해례본이란 무엇인가?

《훈민정음》은 1443년에 창제한 훈민정음을 알기 쉽게 풀이한 책으로 흔히 '《훈민정음》 해례본'이라 부른다. 훈민정음 창제 원리를 해설한 부분이 '해례'이고 문자 이름과 책 이름이 같다 보니 흔히 '해례본'이라 부른다. 세종대왕은 1443년에 훈민정음을 창제하고, 1446년 음력 9월 상순에 《훈민정음》 해례본으로 백성들에게 새 문자 훈민정음과 그것을 만든 원리와 운용 방법을 알려주고자 했다.

《훈민정음》 해례본에는 문자를 창제한 취지와 원리, 역사적 의미 등을 비롯하여 문자의 다양한 예시 등이 실려 있다. 이 책은 세종대왕을 비롯해 집현전 학사 정인지, 최항, 박팽년, 신숙주, 성삼문, 강희안, 이개, 이선로 등이 함께 만들었다.

《훈민정음》 해례본은 1책으로 전체 33장 66쪽이고, 목판본으로 제작하였는데 세종대왕이 직접 펴낸 초간본은 오랜 세월 알려지지 않다가 1940년에 경상북도 안동에서 이용준이 발견하였다. 그 책을 간송 전형필 선생이 사들여 간송미술관서울 성북구 소재에서 소장하고 있으며, 대한민국 국보 70호로 지정되었고, 1997년에는 유네스코 세계 기록유산으로 등재되었다.

《훈민정음》 해례본의 형식과 내용

《훈민정음》 해례본의 형식

《훈민정음》은 목판본으로 찍은 종이책으로 앞표지와 뒤표지를 빼고 33장33엽 66쪽이다. 1권 1책이지만 마치 2권 1책처럼 세종이 지은 정음편이 4장 7쪽, 여덟 명의 학사들이 쓴 정음해례편이 29장 58쪽이다. 정음편은 장마다 14행에 행마다 11자며, 정음해례편은 장마다 16행에 행마다 13자며, 해례 끝에 붙인 정인지서는 한 글자를 내려 적었다. 이처럼 정음편과 정음해례편 사이의 행과 글자 수에 차이가 나는 것은 임금이 작성한 정음편은 글자의 크기를 크게 하고, 신하들이 작성한 정음해례편은 임금을 공경한다는 뜻에서 글자 크기를 작게 했기 때문이다.

《훈민정음》은 1940년에 발견한 당시에는 표지와 맨 앞 두 장, 총 네 쪽이 없었으나 지금은 표지와 앞 4쪽이 복원된 것으로, 복원한

세종 서문 끝 자 '훗'가 쓰인 간송본(1940)	세종 서문 끝 자 '耳'가 쓰인 《세종실록》 (1446.09.29.)	'耳'가 쓰인 《훈민정음》 언해본(1459)

이는 처음 발견한 이용준으로 추정한다. 다행히 위의 두 번째 세 번째 자료와 같이 조선왕조실록과 《훈민정음》 언해본에 수록되어 있었기 때문에 이 두 장을 복원할 수 있었는데 세종대왕 서문의 맨 마지막 글자인 '耳'를 첫 번째 사진과 같이 '훗'로 잘못 복원하였던 것이다. 전형필은 처음에는 복원 사실을 몰랐다가 최현배의 《한글갈》 등 전문서를 보고 그 사실을 알게 되었다.

《훈민정음》 해례본의 기본 내용과 의미

《훈민정음》 해례본은 세종이 직접 저술한 '정음편'과 8인의 학사들이 저술한 '정음해례편'으로 나뉜다. 전체 내용의 흐름을 도표로 살펴보면 다음과 같다.

정음편

세종이 직접 저술한 정음편은 모두 4장 7쪽으로 세종의 서문과 예의, 두 부분으로 이루어져 있다. 첫 부분은 '어제 서문'으로 훈민정음의 창제 동기와 목석, 훈민정음 창제의 참뜻, 훈민정음 창제 주체는 세종이며 새 문자는 한자를 모르는 백성을 위해 만들었지만 결국은 모든 백성이 쉬운 문자로 편안하게 문자 생활을 누리기를 바란다는 내용을 담고 있다. '예의' 부분에서는 28사와 각자병서 6자의 글꼴, 음가, 예와 분류 등을 설명한 뒤 종성자 규정, 표기 운용 방법으로 종성부용초성의 연서법, 병서법, 부서법, 성음법, 방점법 등을 설명하고 있다.

정음해례편

정음해례편은 모두 29장 58쪽으로 크게 '해례' 부분과 '정인지서'로 나뉜다. 해례는 '제자해, 초성해, 중성해, 종성해, 합자해' 등 다섯 해와 '용자례'로 구성되어 있다. 정인지서는 《세종실록》 1446년 9월 30일자에 수록되어 두루 전해졌으나 해례본이 희귀본이 된 뒤 1940년에 소장자 간송 전형필 선생의 배려로 방종현, 홍기문 등 전문 학자의 번역으로 비로소 세상에 온전한 모습이 드러났다.

훈민정음은 삼재 음양오행이라는 동양의 보편적 철학을 배경으

《훈민정음》 해례본의 내용과 구성 체제

짜임새			주요 내용	지은이
정음편	어제 서문		· 훈민정음의 창제 동기와 목적 · 훈민정음 창제의 참뜻 · 훈민정음 상세 무제와 대상	세종
	예의		· 28자와 각자병서 6자의 글꼴, 음가, 예와 분류 　－ 초성 17자 　－ 중성 11자 　－ 각자병서 6자 · 종성자: 종성부용초성(1) · 표기 운용 방법: 종성부용초성(2) 　－ 연서법, 병서법, 부서법, 성음법, 방점법	
정음 해례편	해례	제자해	· 제자의 철학 배경 · 제자 원리와 방법, 특성 　－ 초성·중성 글자 제자 원리 　－ 초성·중성 음성 특성과 문자 특성 　－ 음절 구성 특성	정인지 최항 박팽년 신숙주 성삼문 강희안 이개 이선로
		초성해	· 초성자의 특성과 뜻 · 초성자의 기능과 갈래	
		중성해	· 중성자 기능과 예 · 중성자 합용자 이치와 예	
		종성해	· 종성자 기능과 예 · 종성자의 특성 　－ 음절을 이루는 방법 　－ 종성과 사성 　－ 8자만으로 종성 쓰는 법 　－ 장단에 따른 종성 특성 　－ 한자음에서의 'ㄹ' 종성 특성	
		합자해	· 초·중·종 낱글자 합성 방식과 보기 · 병서자의 갈래와 예 · 한자와 훈민정음 합성 방식 · 방점 · 반혓소리 갈래와 사용 · 특수 합성자 예	
		용자례	· 94개의 고유어 어휘를 통한 사용 예 　－ 초성자 사용 예 　－ 중성자 사용 예 　－ 종성자 사용 예	
	정인지서		· 훈민정음 창제 배경과 목적, 취지 · 훈민정음의 우수성 · 창제자와 창제 연도 · 세종의 위대함 · 공동 저자와 편찬 연도 · 정음예례 대표 저술자 명	

로 하고 또 그러한 원리를 반영하여 만들었다는 것과 발음 작용과 발음 특성을 반영한 '상형'이라는 과학 보편주의에 따라 만들었다는 것이 제자해의 주된 내용이다. 또 초성자, 중성자, 종성자가 만나 이루는 음절자 구성 원리도 같은 이치가 반영되었음을 밝히고 있다.

제자해를 바탕으로 초성해, 중성해, 종성해, 합자해에서는 초성자, 중성자, 종성자의 기능과 사용 예 등을 간결하면서도 자세하게 관련된 음운 현상까지 설명하고 있다. 초성해에서는 초성자의 특성과 뜻, 초성자의 기능과 갈래를, 중성해에서는 중성자 기능과 중성자 합용자의 이치와 예를 밝혔다. 종성해에는 종성자 기능과 예와 더불어 음절을 이루는 방법, 종성과 사성, 8자만으로 종성 쓰는 법, 장단에 따른 종성 특성, 한자음에서의 'ㄹ' 종성 특성 등을 밝혔다. 합자해에서는 초·중·종 낱글자 합성 방식과 보기, 병서자의 갈래와 보기, 한자와 훈민정음 합성 방식, 사성에 따른 방점, 반혓소리 갈래와 사용, 특수 합성자 보기 등을 예로 들었다. 용자례에서는 기본 어휘, 생활 어휘 94개의 고유어를 활용한 사용 예를 초성자, 중성자, 종성자 순으로 들었다.

정인지서에서는 훈민정음 창제 배경과 목적, 취지, 훈민정음의 우수성, 창제자와 창제 연도, 세종의 위대함, 공동 저자와 편찬 연도, 정음해례 대표 저술자 등을 밝히고 있다.

《훈민정음》 해례본의 역사적 배경

훈민정음 창제와 반포

《훈민정음》이 저술된 일차적인 배경은 1443년의 훈민정음 창제 사
실에서 찾아야 한다. 훈민정음은 세종대왕이 비밀리에 만들어 1443
년 12월에 이 사실을 처음 세상에 알렸다. 조선왕조실록에도 "1443년
겨울에 우리 전하께서 정음 스물여덟 자를 창제하여, 간략하게 예와
뜻을 적은 것을 들어 보여주시며 그 이름을 '훈민정음'이라 하셨다"라
고 기록되어 있다. 훈민정음을 창제한 다음 대략 2년 6개월 뒤에 집
현전 학사들과 이선로 등 여덟 신하의 도움을 받아 1446년 음력 9월
초 훈민정음을 풀이한 책 《훈민정음》 해례본을 펴냈다.

그렇다면 세종대왕은 왜 여덟 명의 신하들과 함께 《훈민정음》 해
례본을 펴냈을까? 창제 직후인 1444년 2월 20일 자에 기록된 최만리
등 7인의 갑자상소에 따르면 세종은 훈민정음 창제 사실을 알린 후
훈민정음 보급에 들어간 듯하다. 갑자상소에서 "이제 넓게 여러 사람
의 의논을 들어보지도 않고 갑자기 10여 명의 서리에게 가르쳐 익히
게 하며 또 옛날 사람들이 이미 만들어놓은 운서를 경솔하게 고치고,
언문을 억지로 갖다 붙이고, 기능공 수십 명을 모아 판각을 새겨 급
하게 널리 반포하려 하시니, 이 세상 후대 사람들의 공정한 의논으로
보아 어떻겠습니까?"라고 언급하고 있기 때문이다. 한자 발음 사전
인 운서를 고쳤다는 것은 창제 직후 갑자상소 나흘 전인 1444년 2월

16일에 세종이 중국 운서 한자 발음을 훈민정음으로 적게 했기 때문이다.

여기서 세종의 훈민정음 보급의 두 가지 주요 전략을 알 수 있다. 하나는 하급 관리들을 빨리 가르쳐 대민 업무를 하게 하여 일반 백성들한테 널리 알리고자 했던 것이며, 한편으로는 중국인조차 한자 발음을 정확히 적지 못하는 난제를 해결해 정확한 한자 사용과 한자 학습 문제를 해결하고자 한자 발음 적기에 나섰던 것이다.

이러한 세종의 주요 전략이 집현전 원로대신들의 반발에 부딪쳤을 때 이들을 논리적으로 설득하지 못한다면 훈민정음 보급 정책은 벽에 부딪힐 게 뻔했다. 그래서 《훈민정음》 해례본 집필에 총력을 기울였던 것이다. 해례본은 한문본으로 양반 사대부들을 위한 책이라 할 수 있다. 이는 사대부들이 훈민정음의 높은 가치를 이해하고 원리를 빨리 익혀 하층민 교화에 나서길 원했기 때문인 것으로 볼 수 있다. 세종은 집현전 원로대신들의 반발에 맞서고 설득하기 위해 집현전 대제학 정인지와 30대 중견 학자 최항, 20대의 젊은 학자들인 박팽년, 신숙주, 성삼문, 강희안, 이개, 이선로 등의 도움을 받아 《훈민정음》 해례본을 펴낸 것이다.

그렇다면 세종대왕은 왜 훈민정음을 만들었을까? 입으로는 국어를 쓰고, 글을 쓸 때는 한문을 쓰는 이중 언어생활은 큰 문제였다. 입으로는 "난 책을 좋아해"라고 하고, 글로는 "我好冊난-좋아해-책을"이라고 쓰다 보니 불편한 점이 한둘이 아니었다. 이렇듯 세종대왕이 훈민정음을 만들기 전에는 우리말을 적을 문자가 없어 한자를 빌려 적어야만 했다. 그나마 양반 사대부들은 한자를 배워 쓸 수 있지만, 일반 백성들은 한자를 배우기가 쉽지 않았다. 한자를 모르는 백성들이 표현하고 싶은 것이 있어도 한자로는 소통할 수 없는 것을 가엾이 여겨 세종대왕은 한자를 모르는 백성들을 위해 누구나 쉽게 익힐 수 있는 문자를 만들어 우리말을 자유롭게 적을 수 있게 훈민정음을 만들었던 것이다.

세종대왕은 한자를 몰라 자기들의 의사를 제대로 전달하지 못하는 백성들이 글을 익혀 새로운 지식과 정보를 습득함으로써 편안한 삶을 살기를 원했다. 또 죄지은 사람들의 자세한 사정을 적은 문서들이 한문이나 이두로 되어 있다 보니 죄인을 다스리는 관리들이 문서를 잘못 이해하여 그릇된 판결을 하는 경우가 종종 있었다. 세종대왕은 이를 안타깝게 여겼다.

어렸을 때부터 책을 좋아했던 세종대왕은 성현의 가르침과 생활 정보, 올바른 생활 태도 등이 적힌 책으로 백성들에게 가르침을 주고 싶어 했다. 그런데 한문으로 된 책은 한자를 익힌 사대부들만 읽을 수 있으니 소용없었다. 누구나 쉽게 익혀 책을 읽을 수 있는 문자가 필요했던 것이다. 그래서 누구나 하루아침에 배워 쓸 수 있는 쉬운 글자를 만들었으니 그것이 바로 훈민정음이다.

《훈민정음》 해례본이 희귀본이 된 이유

《훈민정음》 해례본이 세계기록유산으로 등재된 첫 번째 배경은

500년이 넘은 희귀본이라는 데에 있다. 초간본을 몇 권 찍었는지는 기록에 남아 있지 않다. 그런데 《용비어천가》는 550질을 여러 신하에게 내려주었다는 기록조선왕조실록 1447년 10월 16일이 있다. 해례본이 나온 지 거의 1년 뒤의 기록이다. 《용비어천가》는 서문과 발문 등을 포함하면 무려 527엽에 1,054쪽으로 해례본보다 무려 16배나 분량이 많다. 해례본 또한 빠르게 많이 찍기 위해 목판본을 사용했으며 당시 훈민정음으로 과거시험1446.12.26, 1447.04.20.까지 보았으니 해례본도 최소 500권은 찍었을 것으로 추정된다. 그런데 1446년에 간행 반포되었던 《훈민정음》 초간본이 20세기 중반인 1940년에 와서야 한 권 발견되었고, 17, 18, 19세기 지식인들이 이 책을 보았다는 증거가 없으므로 이 책은 매우 이른 시기부터 희귀본이 되었다고 볼 수 있다.

《훈민정음》 해례본이 나오고 81년 만인 1527년에 나온 최세진의 한자 학습서 《훈몽자회》에는 훈민정음의 쓰임새에 대한 간단한 설명이 책 앞에 범례처럼 붙어 있다. 그런데 그 내용 중 기본적인 자모 순서 등이 다른 것으로 보아 최세진이 과연 해례본을 보고 썼는지 의심이 든다. 변화된 것을 정리한 것일 수도 있지만 해례본을 못 봤을 것으로 짐작된다.

이렇게 《훈민정음》 해례본이 희귀본이 된 이유를 흔히 연산군의 훈민정음 탄압에서 찾았다. 《훈몽자회》가 나오기 23년 전에 연산군의 훈민정음 탄압 사건이 있었기 때문이다. 조선왕조실록의 기록을 보면 조정 대신의 잘못된 정치를 비판하는 훈민정음 벽서가 해례본 반포 3년 만인 1449년에 붙었고, 이로부터 55년 뒤에는 연산군의 폭정을 비판하거나 비난하는 훈민정음 벽서가 많이 붙었다. 그러자 이에 크게 노한 연산군은 언문훈민정음을 배우거나 쓰지 못하게 했고1504.07.20, 이틀 뒤에는 언문으로 된 구결 단 책을 불사르게 했다 1504.07.22.

그러나 이것이 언문 탄압이 주된 이유는 아니었을 것이다. 연산군도 웬일인지 이렇게 언문을 탄압하면서도 "한어를 언문으로 번역한 것은 금하지 말라1504.07.22."고 했기 때문이다. 전면 탄압은 아니었던 셈이다. 그렇다면 더 중요한 이유는 무엇이었을까? 그 답은 《훈민정음》 해례본 정인지서에서 찾을 수 있다.

훈민정음 28자가 "전환이 무궁하여, 간단하면서도 요점을 잘 드러내고, 정밀한 뜻을 담으면서도 두루 통할 수 있다"고 했다. 뜻을 맘껏 표현하기 위해서는 수천 자가 필요한 한자와 달리 뜻글자가 아닌데도 단지 28자만 잘 부려 쓰면 맘껏 적을 수 있고 소통할 수 있다는 것이다. 또 소송 사건과 같은 민감한 사건에서 양반들은 한자로 절대적 권위를 누려왔는데 언문으로 적으면 죄수들까지도 재판 과정의 속사정을 낱낱이 알 수 있다고 했다. 더 나아가 한문을 배우는 이들조차 언문을 잘 알면 한문을 더 잘 풀어낼 수 있고 그 뜻을 더 잘 이해할 수 있다는 것이다. 거기다 훈민정음은 양반이든 천민이든 모든 사람이 하루아침에 배울 수 있어 스승 없이도 깨칠 수 있다는 것이다. 더 나아가 이 문자를 만든 세종을 중국 황제에게나 사용할 법한 "모든 왕을 초월한 하늘이 내린 성인"이라 칭하였다.

양반들 처지에서 이런 내용은 한자를 사용하는 자신들의 신분과 권위의 존재 기반을 송두리째 부정하는 것이나 마찬가지였다. 더욱이 중국과의 사대가 중요한 터에 중국 황제의 권위에 맞서는 듯한 표현까지 있으니 이 책을 싫어하고 멀리했을 것이다. 그래서 일반 책보다 더 빨리 희귀본이 되었을 확률이 높다.

세계기록유산이 된 두 번째 배경은 역시 종이책이라는 책의 특성에서 찾을 수 있다. 발견 당시인 1940년에는 494년 된 책이었고 세계기록유산으로 등재된 1997년에는 551년이나 된 책이었다. 종이책이면서 이렇게 오래된 책은 세계사적으로도 매우 드물다. 서양의 오래된 책은 대개 양피지로 되어 있기 때문이다.

《훈민정음》해례본을 생명처럼 지켜낸 간송 전형필의 노력

1937년에 중일전쟁을 일으킨 일제는 1938년에 우리말 교육과 사용을 전면 금지했다. 마침 같은 해에 전형필은 최초의 근대식 미술관이자 박물관인 보화각葆華閣을 설립하여 철저하게 문화재 보호 준비를 하기 시작했다. 1940년에 일제는 일본식으로 성과 이름을 바꾸는 창씨개명을 단행하였고 바로 이해에 전형필은 경상북도 안동에서 발견된《훈민정음》을 소장하게 된다. 이런 소장 사실이 처음 드러난 것은 1942년에 출판된 최현배의《한글갈》에서다.

《훈민정음》해례본 자체의 내용이 알려진 것은 1940년 7월 30일자《조선일보》를 통해서다. 전형필은 해례본을 소장한 뒤 이를 전문가들에게만 공개했는데 제일 먼저 서지학자 송석하에게 모사하게 했고, 이 모사본을 훈민정음 전문학자로서 조선일보사에서 근무하던 홍기문이 번역했고, 이를 도운 방종현의 이름으로 해례 부분만 번역해 7월 30일부터 8월 4일까지 연재하여 그 실체가 처음 드러났던 것이다. 이 연재가 끝난 6일 뒤《조선일보》를《동아일보》와 함께 일제가 강제 폐간한다.

방종현의 증언《조선일보》, 1940.07.30.에 따르면 전형필은 1940년 3월쯤《훈민정음》해례본을 소장한 것으로 보인다. 그런데 전형필의 증언이 실린 좌담 〈국보 이야기〉《신태양》, 1958년 5월호에 따르면 소장하기 대략 1년 전쯤 해례본이 발견됐다는 소식을 들었다고 한다. 이런 증언으로 볼 때 해방 후에나 밝혀진 최초 발견자 이용준이 해례본을 발견한 것은 1939년쯤으로 추정된다.

전형필이《훈민정음》을 얼마나 소중하게 여기고 잘 지켰는지는 몇 가지 사례에서도 드러난다. 일단 보화각 같은 첨단 건물을 미리미리 지어 보관에 대비했고, 또 당시 경성의 비싼 기와집 열 채 값 정도의 큰돈일본 돈 만 원, 소개비 천 원 추정을 주고《훈민정음》해례본을 매입하였다. 더 싸게 구입할 수도 있었지만 우리나라 최고 문화재로서의 격을 살리기 위해 더 많은 돈을 주었다는 것이다. 다음으로 전형필은 일제 말기 그 암흑 같은 시기에도 전문가들로 하여금 이 책의 가치를 조심스럽게 알리는 한편, 일제에게서 철저히 보호했고, 1950년 6·25전쟁 중에도 이 책만큼은 철저히 지켜냈던 것이다.

상주본은 간송본과 똑같은 초간본으로 2008년에 경상북도 상주에서 배익기가 발견하였다. 세종이 직접 저술한 정음편1~7쪽은 남아 있지 않지만, 상주본에는 조선 시대 때 소장해온 이의 전문적 적바림메모이 남아 있어 또 다른 가치를 지닌 소중한 문화재로 주목된다.

훈민정음이 15세기에 모든 백성의 문자로 태어나 널리 퍼진 것도 기적이지만, 《훈민정음》 해례본이란 책이 제작되고 오늘날까지 전해진 것도 기적이다. 그 기적은 어느 날 우연히 온 기적이 아니라 한문과 이두로 말미암은 극한의 언어모순으로 이를 극복하고자 했던 문화적 자주의식과 애민사상이 남달랐던 세종이라는 임금이자 학자가 있었기에 가능한 일이었다. 더불어 세종을 직간접으로 도왔던 수많은 인재와 집단 지성의 역할이 중요했음은 두말할 나위 없다. 또 세종과 같이 자주 의식이 투철하고 우리 문화재를 지키려고 몸 바친 전형필 같은 이가 있어 해례본의 가치는 빛이 나고 나눔의 가치 또한 빛나는 것이다. 진정한 가치는 같이 나눌 때 빛이 나기 때문이다.

ㄹ

《훈민정음》 언해본은 어떻게
한글 보급의 핵심 구실을 했는가?

《훈민정음》 언해본이 왜 중요한가?

《훈민정음》 해례본이 나오고 13년이 지난 1459년 세조 5년에 조선 사회를 뒤흔들 책 한 권이 간행된다. 바로 성리학을 숭상하는 나라에서 반성리학의 핵심인 불경을 한글로 풀어놓은 책 《월인석보》이다. 단종을 몰아내고 왕위에 오른 세조에게 절대권력이 있었기에 가능한 일이었다. 그런데 이 책 앞에 훈민정음 보급 발전에 결정적인 구실을 한 《훈민정음》 언해본이 실려 전국 사찰로 퍼져나갔다.

《훈민정음》 언해본은 《훈민정음》 해례본 가운데 세종대왕이 직접 쓴 서문과 예의 부분을 한글로 번역하여 간행한 것이다. 현재 남아 있는 가장 오래된 자료로는 세조가 펴낸 것으로 정확한 제목은 《세종어제훈민정음》이다.

1446년에 펴낸 훈민정음 해설서 《훈민정음》 해례본은 한문으로

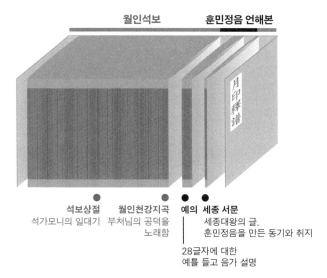

《훈민정음》 언해본 위치도(김슬옹 글/강수현 그림)

되어 있어 한자를 모르는 백성들은 읽을 수 없었다. 이 언해본 역시 세종대왕 때 나온 것으로 추정되지만 언제 누가 번역했는지는 알 수 없다. 《훈민정음》 언해본은 처음에는 얇은 단행본 책자 형태로 나왔을 확률이 높다. 《월인석보》 자체가 여러 책의 합본 형식인 데다가 이 책에 실려 있는 것 자체가 책의 일부인 앞머리 형식이 아니라 독자적인 짜임새로 되어 있기 때문이다.

　수양대군에서 임금으로 등극한 세조는 세종대왕이 지은 《월인천강지곡》과 그가 지은 《석보상절》을 합본한 《월인석보》를 만들면서 권 1, 2 앞에 이 언해본을 붙여 새로 간행한 것이다.

《훈민정음》 언해본 짜임새의 특징과 의미

《훈민정음》 언해본은 모두 15엽 30쪽으로 이루어져 있다. 총 글자 수는 3,041자이고 한자는 638자, 한글은 2,403자이다.

언해본은 해례본에 뿌리를 둔 해례본의 종속 문헌이지만 내용과 유통 방식에서는 독자성이 있는 문헌이기도 하다. 현재 전해지는 언해본 내용을 보면 해례본에 뿌리를 둔 것은 너무도 분명하지만 그렇다고 해례본의 종속 문헌이라 할 수는 없다. 이른바 해례본에 없는 잇소리에 대한 중국어 발음인 윗잇소리치두음와 아랫잇소리정치음가 더 보태졌기 때문이다. 이런 이유로 '《훈민정음》 정음편의 언해본'이라 부를 수는 없고, 기존 관례대로 '《훈민정음》 언해본'이라 부르기로 하겠다.

언해본은 훈민정음으로 편찬한 불경 앞에 실었기에 훈민정음으로 된 불경을 보급하기 위한 보조 문헌이면서도 세종의 훈민정음 반포 의도를 최대한 살린 문헌이기도 하다.

언해본은 다음과 같이 짜임새로 되어 있으므로 이에 대한 적절한 명칭이 연구나 교육 차원에서 꼭 필요하다.

[원문] 國之語音 [정음1ㄱ:2_어제 서문]

[음토부음토] 國·귁之징語:엉音흠·이 [정음1ㄱ: 4]

[주석부주석] 國·귁·은 나·라히·라之징·는 ·입·겨지·라 語:엉·는 :말·쏨·미·라 [정음1ㄱ: 4]

15세기 판독문	음토부	世·솅宗종御·엉製·젱訓·훈民민正·졍音흠
	주석부	製·졩·는 ·글 시·슬 ·씨·니 御·엉製·젱·는 :님·금 :지스·샨 ·그리·라 訓·훈·은 ㄱ르·칠 ·씨·오 民민·은 百·빅姓·셩·이·오 音흠·은 소·리·니 訓·훈民민正·졍音흠·은百·빅姓·셩 ㄱ르·치시·논 正·졍흔 소·리·라
	음토부	國·귁之징語:엉音흠·이
	주석부	國·귁·은 나·라히·라 之징·는 ·임·겨지·라 語:엉는 :말·쓰미·라
	언해부	나·랏:말쓰·미
	음토부	異·잉乎홍中듕國·귁·ㅎ홍·야
	주석부	異·잉·는 다룰 ·씨·라 乎홍·는 :아·모그에 ·ㅎ논 ·겨체 ·쓰는 字·쫑ㅣ·라 中듕國·귁·은 皇황帝·뎽 :겨신 나·라히·니 ·우·리 나:랏
현대 번역문	음토부	世宗御製訓民正音(세종어제훈민정음)
	주석부	'製(제)'는 글을 짓는 것이니, '御製(어제)'는 임금께서 지으신 글이다. '訓(훈)'은 가르치는 것이요, '民(민)'은 백성이요, '音(음)'은 소리니, '훈민정음'은 백성 가르치시는 바른 소리다.
	음토부	國之語音(국지어음)이
	주석부	'國(국)'은 나라다. '之(지)'는 어조사다. '語(어)'는 말이다.
	언해부	우리나라 말이
	음토부	異乎中國(이호중국)하여
	주석부	'異(이)'는 다르다는 것이다. '乎(호)'는 '어떠한 곳에' 하는 어조사에 사용하는 글자다. '中國(중국)'은 황제 계신 나라니, 우리나라

이러한 삼중 구조는 매우 중요한 의미가 있다. 첫째, 언해가 매우 차분하고 치밀하게 이루어졌음을 알 수 있다. 원문 한자에 음을 달고 개별 한자나 단어에는 주석을 달고 그다음에 언해를 했다. 주석은 쌍행으로 최종 언해는 한 칸 아래 배치해 삼중 구조의 짜임새를 한눈에 파악할 수 있도록 편집의 묘미도 살렸다.

둘째, 새 문자 언문이 한자나 한문의 권위적인 문자 기능을 충분히 대체함과 동시에 자세히 풀어낼 수 있는 메타언어적 기능이 있음을 입증해 보인 것이다. 이는 해례본 정인지서에서 "이 글자로써 한문 글을 해석하면 그 뜻을 알 수 있다"는 것과 "글을 쓰는 데에 글자가 갖추어지지 않은 바가 없으며, 어디서든 뜻을 두루 통하지 못하는 바가 없다"고 한 것을 입증해 보인 것이다.

셋째, 이러한 삼중 구조가 이후 각종 언해본의 표준이 됨으로써 훈민정음과 훈민정음으로 쓰인 각종 문서의 지식 확산의 모범이 되었다는 점에서 매우 중요하다.

《훈민정음》 언해본 유통의 의미

언해본 유통은 해례본 유통과 연관 지어 이해해야 할 필요가 있다. 해례본이 일찍 사라지는 바람에 언해본이 원본처럼 유통되었기 때문이다. 물론 언해본이 중요해진 까닭은 해례본이 희귀본이 되기도 했지만 더 큰 이유가 있다. 해례본은 한문본이고 언해본은 그야말로 언문으로 쓰여 있어 누구나 보고 배울 수 있는 장점이 있다는 것. 그래서 1568년선조 1년 사찰희방사에서 복각할 정도로 인기를 끌었다.

언해본이 다시 주목받기 시작한 것은 일제강점기 때였다. 조선어연구회 핵심 인물이기도 했던 권덕규는 1923년 광문사에서 펴낸《조선어문경위朝鮮語文經緯》라는 책에서 "요사이에 훈민정음 원본을 얻어 이 원본 문투文套 그대로 썼으니 읽는 이는 짐작할지며 더욱 주의할 바는 ㄱ 짝소리를 ㅥ 첫소리와 같다 함과 글자의 높낮이, 길짧이를 똑똑히 설명한 것이라 잘 읽어 많은 얻음이 있기를 바라노라194쪽. 표기는 현대 방식으로 바꿈"라고 언급했다. 언해본을 원본이라고 여겼음을 알 수 있다. 권덕규는 정음편 번역문을 이 책 부록으로 싣고 이와 같은 짧은 논평을 남긴 것이다.

권덕규가 언급한 훈민정음 원본의 실체는 4년 뒤에 발간되는 1927년에《한글》동인지 창간호에서 박승빈 소장본임이 밝혀진다. 조선어연구회는《한글》동인지 창간호에 영인본에 대한 간략한 해제를 다음과 같이 싣고 있다. 신명균이라고 실명을 밝힌 것은 아니지만 같은 해《동아일보》1927.10.24.에 실린 같은 내용의 칼럼이 신명균으로 되어 있다.

이 동인지는 "조선어문에 관한 과학적 연구와 실제 문제를 해결하기 위하야―편집실에서, 65쪽" 낸 잡지로 동인은 "권덕규, 이병기, 최현배,

정열모, 신명균" 등 5인이다. 간지에 단체 이름조선어연구회은 안 나와 있다. 언해본이 '世宗御製訓民正音原本'이란 이름으로 영인되어 있다. 이 때만 해도 언해본을《세종실록》1446년 9월 30일《훈민정음》해례본 긴행 기사에 의한 훈민정음 원본으로 여기는 것이 일반적이었다. 영인 서문에 의하면 이 언해본은 박승빈 소장본, 광문회 소장본, 어윤적 소장본 일본 궁내성의 소장본을 동일본으로 보아 사진본으로 영인한 것이다. 정확히 어떤 본을 사진을 찍었는지가 나와 있지 않지만 전후 맥락으로 보아 박승빈본을 기준으로 삼은 듯하다. 다만 박승빈본 맨 앞장이 후대에 고친 것이므로 이 부분만 광문회본을 따랐다고 하였다. 문화재청에서 국어사학회와 함께 2007년에 펴낸 재구정본의 원조 격인 셈이다.

국어사학회와 문화재청2007에서 재구정본을 내면서 1927년의 재구본에 대해 "약간의 잘못이 없지 않지만, 이른 시기에 언해본의 정본을 수립하려는 노력이 있었다"고 평가한 것은 매우 적절하였다. 약간의 잘못이란 제3행을 16자가 아닌 17자로 구성한 것을 말한다. 이때는 해례본의 실체를 전혀 모르던 상황이어서 박승빈이 원본이라는 핵심 증거로 단본단행본임을 들고 있다. 더 자세한 영인 내막은 밀아생필명, 1935이라는 분의 〈훈민정음 원본에 싸고도는 문제〉《한글》 22호, 103~105쪽에 나와 있다. 이 글에 따르면《한글》동인지 영인본은 많은 인기를 끌어 수천 부를 발행했을 뿐만 아니라 아예 단행본처럼 다시 간행하기까지 했다고 한다.

이러한 흐름에 문제를 느낀 박승빈은《한글》동인지 영인본이 나

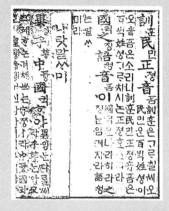

《한글》 동인지 광문회본을 바탕으로 한 재구정본

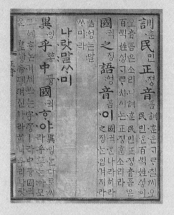

국어사학회와 문화재청(2007) 재구정본

《정음》 4호 박승빈본 영인본 잡지 홍보

온 지 5년 만인 1932년에 소장본을 그대로 영인하게 된다. 박승빈본이 최초로 영인이 된 데다 단행본 형식의 최초 영인인지라 박승빈은 무척 감격해 하고 그 느낌을 영인본 간행사에 그대로 담았다

이러한 기쁨은 박승빈본이 원본이라는 믿음에서 온 것이다. 《동아일보》에서도 그 감격을 "이번에 세종대왕 당시에 제판 반포된 원본이 발견된 것은 실로 우리 학계에서 귀중하고 경하할 만한 사실이다"《동아일보》, 1932.05.14.라고 높이 평가한 것이다.

박승빈이 주도하여 펴낸 잡지인 《정음》 4호1934.09.에서 1932년 영인본을 다시 실었는데 첫 표지가 역시 훈민정음을 반포할 때의 원본임을 강조하였다.

언해본에 근거한 원본 논쟁은 결국 1940년에 해례본 원본이 발견되면서 마무리되었다. 언해본 자체에 대한 이본 논쟁은 1972년에 《월인석보》 1, 2권이 발견되어 여러 정황이 밝혀지면서 불거졌다. 이러한 유통 과정에서 중요한 것은 최세진의 《훈몽자회》에서도 해례본을 참고했다는 단서가 없을 정도로 해례본이 일찍 희귀본이 되었던 만큼 언해본이 훈민정음 보급 발전에 절대적인 구실을 할 수밖에 없었기 때문이다.

《훈민정음》 언해본은 비록 해례본의 일부를 번역하고 풀이한 것이지만 해례본의 의미와 가치를 널리 알리는 중요 문헌이 되었다. 더욱이 언해본은 훈민정음 교육과 쉬운 문자로 지식과 정보를 나누는 핵심 가치를 지닌 고전이라 할 수 있다.

2부

한글의 과학성과 우수성

한글은 얼마나 과학적이고
우수한 글자인가?

누구에게나 보편적인 글자

과학은 자연 현상에 충실하면서도 수학 공식처럼 간결하고 바둑판처럼 체계적이어서 누구에게나, 언제 어디서나 보편성을 띠는 객관적이고 합리적인 것을 말한다. 한글은 바로 그런 과학적 특성이 뛰어난 글자다. 사회문화적 측면으로 보면 모든 문자는 나름의 역사와 가치가 있기 때문에 다른 문자와 우열을 비교할 수 없다. 그러나 과학적 특성으로 보았을 때 한글은 다른 문자보다 더 우수하다. 이때의 우수함은 당연히 보편적인 과학 차원에서이므로 그러한 보편주의에 담긴 가치가 무엇이냐를 살펴볼 필요가 있다.

현재 사용하는 한글은 자음 14자와 모음 10자로 모두 24자다. 하지만 15세기 훈민정음은 지금은 사용하지 않는 모음 '•아래아', 자음 'ㆆ여린히읗, ㅿ반시옷, ㆁ옛이응'이 있어 모두 28자였다. 다시 말해 훈민정음은 자음 17자, 모음 11자로 이루어졌었다. 그리고 한글의 보편 과학은 15세기 훈민정음을 기준으로 설명할 때 온전히 평가될 수 있다.

한글이 과학적인 여덟 가지 근거

한글이 과학적이라는 근거는 여러 가지 측면에서 설명할 수 있다. 여기서는 여덟 가지 근거를 들어 과학성을 따져보고자 한다.

첫째, 발음 작용과 발음 원리를 살려 간결하게 만들었다. 훈민정음 28자는 기본 상형자 여덟 자로 만들어졌다. 자음자 다섯 자 ㄱ, ㄴ, ㅁ, ㅅ, ㅇ는 발음 기관 또는 발음하는 모양을 본떠 만들었고, 모음자 세 자 ·, ㅡ, ㅣ는 하늘과 땅과 사람을 본떠 만들었다.

자음은 '닿소리'라고도 말하는데, 닿소리란 목구멍에서 숨이 나올 때 그 숨이 어디엔가 닿으면서 만들어진 소리라는 뜻이다. 'ㄱ'를 천

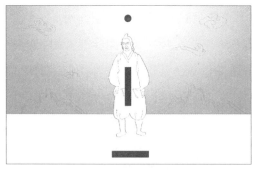

'하늘, 땅, 사람'의 모양을 본뜬 모음 기본 상형자 제자 원리

76

천히 크게 발음하면서 'ㅡ' 소리를 작게 내면 자음 'ㄱ'을 더 잘 느낄 수 있다.

우리 입안에서 닿소리가 만들어지는 자리는 어금니, 혀, 입술, 이, 목구멍 모두 다섯 곳이다. 이 다섯 발음 기관의 모양을 본떠 만든 다섯 개의 기본자가 바로 'ㄱ, ㄴ, ㅁ, ㅅ, ㅇ'이다. 자음 기본 상형자 가운데 ㄱ은 혀뿌리가 목구멍을 막는 모양, ㄴ은 혀가 윗잇몸에 닿는 모양, ㅁ은 입의 모양, ㅅ은 이의 모양, ㅇ은 목구멍의 모양을 본뜬 것이다. 이렇게 자음자는 말소리를 내는 발음 기관의 모양과 그 움직임을 정확히 관찰하고 분석하여 만든 과학적 연구의 결과물이다.

모음은 '홀소리'라고도 하는데, 홀소리란 목구멍에서 숨이 나올

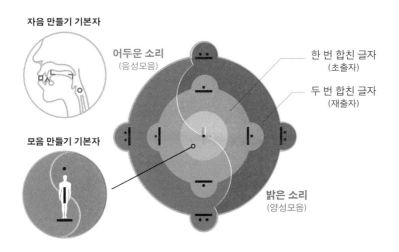

15세기 자음자와 모음자 제자 원리

때 어디에도 닿지 않고 혼자서 나는 소리라는 뜻이다. 모음의 기본
가 역시 자음의 기본자처럼 모양을 본떠서 만들기는 하였으나, 발음
기관의 모양을 본뜬 것이 아니라 '하늘·, 땅ㅡ, 사람ㅣ'의 모양을 본뜬
것이다. ·는 양성을, ㅡ는 음성을, ㅣ는 양성과 음성을 겸한다. 흔
히 '중성'이라고 하지만 '양음' 또는 '음양'을 뜻한다. 이렇게 만든 까
닭은 양성은 양성끼리 음성은 음성끼리 어울리는 우리말의 특성을
나타내기 위해서다.

둘째, 획을 더하고 합해 만들었다.

상형 기본자를 만든 뒤 자음자의 경우는 획 더하기, 모음자의 경
우는 기본자 합하기 규칙을 적용해 나머지 자음과 모음을 완성했다.
자음 기본 상형자 ㄱ, ㄴ, ㅁ, ㅅ, ㅇ의 다섯 개 소리는 거세지 않은
소리다. 이 소리들보다 입김을 많이 내어 세게 소리를 내면 거센소
리가 된다. ㄱ→ㅋ, ㄴ→ㄷ→ㅌ, ㅁ→ㅂ→ㅍ 등과 같이 소리가 세지
는 정도에 따라 획을 더해 9자를 완성했다. 이 밖에도 이체자(글자의
짜임새가 다른 글자) ㆁ, ㄹ, ㅿ 3자가 더 있어 훈민정음의 기본 자음자
는 모두 17자가 되었다. 모음자의 경우는 기본 상형자 · ㅡ ㅣ를 한 번
씩 합쳐 ㅗ ㅏ ㅜ ㅓ ㅗ ㅏ ㅜ ㅓ 네 자를 만들었다. ㅡ에 ·를 위아래로 합
쳐 ㅗ ㅜ를 만들고, ㅣ에 ·를 바깥쪽과 안쪽에 합쳐 ㅏ ㅓ ㅏ ㅓ를
만든 것이다. ·를 두 번씩 합쳐 ㅛ ㅑ ㅠ ㅕ ㅛ ㅑ ㅠ ㅕ를 만들었다. 자연
의 이치로 보자면 아래아가 위쪽과 오른쪽에 붙을 때 양성모음, 아
래쪽과 왼쪽에 붙을 때 음성모음이 된다.

이렇게 한글은 최소의 상형 기본자를 만든 후 나머지는 상형 기

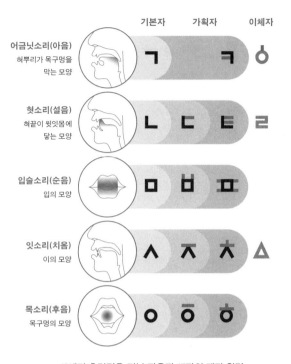

	기본자	가획자	이체자
어금닛소리(아음) 혀뿌리가 목구멍을 막는 모양	ㄱ	ㅋ	ㆁ
혓소리(설음) 혀끝이 윗잇몸에 닿는 모양	ㄴ	ㄷ ㅌ	ㄹ
입술소리(순음) 입의 모양	ㅁ	ㅂ ㅍ	
잇소리(치음) 이의 모양	ㅅ	ㅈ ㅊ	ㅿ
목소리(후음) 목구멍의 모양	ㅇ	ㆆ ㅎ	

15세기 훈민정음 기본 자음자 17자의 제자 원리

본자를 규칙적으로 확대한 문자이므로 간결하고 배우기 쉬우며 쓰기에도 편하다.

셋째, 첫소리 글자와 끝소리 글자를 같은 모양으로 만들었다.

받침으로 쓰는 종성자는 초성자를 가져다 써서 최소의 낱자로 많은 글자를 만들어 쓸 수 있다. 예를 들어 '각'과 '몸'은 초성자와 종성자가 같다. 만약 종성자를 다른 모양으로 만들었다면 글자 수가 많아져 사용하는 데에 어려움이 있었을 것이다.

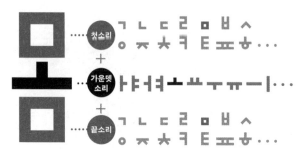

초성자와 종성자를 같게 해 최소의 낱자로 만든 글자

넷째, 소리와 글자가 짝을 이루게 했다.

소리 성질과 글자 모양이 규칙적으로 짝을 이룬다. 예사소리 ㄱ, ㄷ, ㅂ, ㅈ, 된소리 ㄲ, ㄸ, ㅃ, ㅉ, 거센소리 ㅋ, ㅌ, ㅍ, ㅊ이 규칙을 가지고 서로 짝이 된다.

다섯째, 한 글자에 한 소리만 난다.

한 글자는 하나의 소리로, 한 소리는 하나의 글자로 대부분 일치

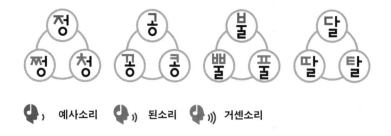

예사소리, 된소리, 거센소리

한글교양

아 아버지 아리랑

하나의 소리

한다. 영어에서 'a' 글자는 대략 여덟 가지 소리가 난다. 하지만 한글의 '아'는 '아버지', '아리랑'과 같이 하나의 소리만 난다. [아] 소리는 'ㅏ' 글자로만 쓰고, 'ㅏ' 글자는 [아] 소리로만 난다.

여섯째, 모아써서 편리하다.

첫소리 글자, 가운뎃소리 글자, 끝소리 글자를 모아쓰면 가로, 세로 어느 쪽으로든 쓸 수 있고 뜻을 드러내는 데도 좋다. 그래서 글자를 빨리 읽고 쓸 수 있다. 만약 '한글'을 'ㅎㅏㄴㄱㅡㄹ'과 같이 풀어 썼다면 쉽게 이해할 수도 없고 읽는 속도도 느렸을 것이다. 한글을 풀어쓸 때보다 모아쓸 때 2.5배 더 빨리 읽는다는 실험 결과도 있다.

일곱째, 자음과 모음의 결합이 규칙성을 가진다.

자음과 모음을 합치는 방식이 규칙성이 있다. 또한 자음과 모음의 결합에서 최소한의 규칙성으로 최대의 글자를 만들어낸다. '고'에

재미이ㅆㄴㅡㄴ 하ㄴㄱㅡㄹ
재미있는 한글

모아쓰기

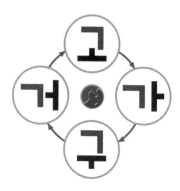

자음자와 모음자의 결합 규칙성

서 'ㄱ'을 고정하고 모음 'ㅗ'를 오른쪽으로 90도씩 회전하면 '가-구-거'가 만들어져 '고, 가, 구, 거'와 같은 글자 체계를 이룬다. 이렇게 최소의 문자를 가지고 최소의 움직임으로 최대의 글자를 만들어내는 원리를 수학에서는 '위상수학의 원리'라고 한다.

여덟째, 한글의 과학적 특성은 자연철학과 연결되어 더욱 빛을 발한다.

모음 글자에는 하늘과 땅의 음양 사상과 더불어 사람이 조화를 이루어 천지와 사람의 조화, 즉 천지자연의 문자 철학이 담겨 있음은 앞에서도 얘기하였으므로 여기서는 자음 글자만 살펴보도록 하겠다.

먼저 오행은 발음 기관을 다섯 군데로 나눈 오음에 적용하였다. 허파에서 날숨이 나오면서 제일 앞선 기관이 내는 소리후음는 실제 물기가 많으므로 '물'이고 방위로는 '북쪽'이고 계절로는 '겨울'이다.

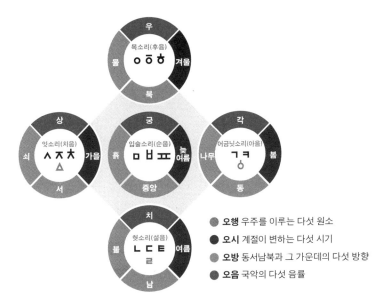

목소리(후음)
ㅇㆆㅎ
우 / 물 / 겨울 / 북

상 / 쇠 / 가을 / 서
잇소리(치음)
ㅅㅈㅊ
ㅿ

궁 / 흙 / 늦여름 / 중앙
입술소리(순음)
ㅁㅂㅍ

각 / 나무 / 봄 / 동
어금닛소리(아음)
ㄱㅋ
ㆁ

치 / 불 / 여름 / 남
혓소리(설음)
ㄴㄷㅌ
ㄹ

● **오행** 우주를 이루는 다섯 원소
● **오시** 계절이 변하는 다섯 시기
● **오방** 동서남북과 그 가운데의 다섯 방향
● **오음** 국악의 다섯 음률

자음 17자에 쓰인 철학 원리와 음악 원리

그다음은 어금니, 곧 여린입천장 쪽에서 나오는 어금닛소리아음는 물을 먹고 자라는 '나무'이고 방위로는 '동쪽', 계절로는 '봄'이다. 그다음 혓소리설음는 혀가 불처럼 날름거리니 '불'이고 방위로는 '남쪽', 계절로는 '여름'이다. 그다음의 잇소리치음는 이가 단단하므로 '쇠'고 방위로는 '서쪽', 계절로는 만물이 단단히 영그는 '가을'이다. 마지막 입술에선 나오는 입술소리순음는 부드러우니 '흙'이고 방위로는 '중앙'이요 계절로는 계절의 중심인 '늦여름'이다.

오음계로 보면 엄마 젖을 빨며 '맘마' 식으로 처음으로 냈던 입술소리는 가장 기본음에 해당되는 궁음宮音이고, 그다음 잇소리는 상음

商音, '각'과 같은 'ㄱ' 소리가 나오는 어금닛소리는 각음角音, 혓소리는 치음徵音, 가장 높은 소리를 내는 목소리는 우음羽音이 된다. 반설음半舌音인 'ㄹ'은 반치음半徵音, 반치음半齒音 'ㅿ'은 반상음半商音이 된다.

이렇게 음양오행을 적용한 이유는 명확하다. 말소리에는 천지자연의 이치가 담겨 있고, 바로 그 이치로 한글을 만든 것이며, 그런 한글을 쓰는 사람은 하늘의 백성이라는 것이다. 이러한 철학적 보편주의는 과학적 보편주의와 결합하여 사람 중심의 보편주의, 곧 휴머니즘으로 연결된다. 이런 점에서 한글만이 지닌 진정한 가치를 발견할 수 있다.

한글의 우수성에 대한 몇 가지 오해

가장 두드러진 오해는 언어와 문자는 문화이고 문화는 서로 비교할 수 없는 것인데 한글이 다른 문자보다 우수하다는 것은 지나친 민족주의라는 것이다. 이른바 문화상대주의적 관점에서의 비교다.

문자 역시 나름의 고유한 특성이 있는 비교할 수 없는 문화적 산물이지만 언어학이나 문자학의 보편적 기준으로 상대적 특성이나 가치는 당연히 비교해볼 수 있고 평가할 수 있다. 우수성도 절대적 우수성과 상대적 우수성으로 나눌 수 있으니 말이다. 가수가 선천적으로 노래를 잘하는 것은 절대적 우수성이고 가수라도 어떤 가수가 가창력이 더 뛰어나다면 그것은 상대적 우수성이다. 조용필같이 최고의 가수라면 절대적 우수성과 상대적 우수성을 겸하게 되는 것이다. 15세기 세종이 창제 반포한 한글, 곧 훈민정음은 창제자의 기획 의도를 잘 반영한 문자라서 절대적 우수성과 상대적 우수성을 모두 갖추고 있다.

그렇다고 오랜 세월 동안 문자 체계를 갖춘 로마자나 한자가 훌륭하지 않다는 것은 아니다. 오랜 세월에 걸쳐 형성된 문자인 만큼 나름 장점도 있고 역사성도 있으며, 무엇보다 현재 전 세계 문자 가운데 가장 널리, 많이 쓰이는 권위 있는 문자임이 틀림없다. 다만 오랜 세월에 걸쳐 형성되다 보니 문자학적 체계성이나 효율성은 떨어지지만 문화와 관습에 따라 자연스럽게 쓰인다.

한글은 바로 그런 문화나 역사보다는 문자학적 체계성이나 효율성 부분에서 가장 우수한 문자다. 이런 관점에서 정리한 책이 글쓴이의 《한글 우수성과 한글 세계화》이다. 핵심 결론은 다음과 같다.

● 절대(객관적) 특성: 과학성

① 최소성: 한글은 문자를 만든 원리와 문자 체계에서 최소주의 과학이 적용되었다.

② 규칙성: 한글은 문자 확장과 자모 결합이 규칙적이다.

③ 체계성: 한글은 자음자와 모음자, 음운과 문자 대응 등이 체계적이다.

④ 생성성: 한글은 최소의 자소로 최대의 글자를 생성하고 표기할 수 있다.

- 실제 특성: 실용성

  ① 사용: 한글을 사용하는 우리나라는 문맹률이 거의 없고 한글전용으로 사용성 또한 입증되었다.

  ② 소통: 한글은 도구적 소통력이 매우 뛰어난 문자다.

  ③ 응용: 한글은 디지털 기기 등에 응용하기 용이한 문자다.

  ④ 교육: 한글은 학습과 교육 면에서 실효성이 매우 뛰어나다.

- 효과 특성: 효용성

  ① 편리성: 한글은 쓰기 쉽고 읽기 편하다.

  ② 경제성: 한글은 경제적 효용성이 뛰어나다.

  ③ 건강성: 한글은 컴퓨터 자판에서 양손을 골고루 사용할 수 있어 건강에 도움이 되는 문자다.

  ④ 조화성: 한글은 주변 환경, 주변 요소와 잘 조화된다.

- 상대 특성: 독창성

  ① 과학성: 한글은 과학적이어서 독창적이다.

  ② 예술성: 한글의 도형 특성 면에서 디자인과 음악적 특성을 갖추었다.

  ③ 철학 배경: 한글은 음양오행론과 천지인 삼재사상 등 철학적 배경을 갖추었다.

  ④ 창제 맥락: 한글은 창제자와 창제 날짜, 동기와 목표 등이 분명하다.

이 가운데서도 한글의 가장 우수한 특성을 뽑으라고 한다면 과학성을 뽑을 수 있다. 왜냐하면 과학성이야말로 다른 특성들실용성, 효용성, 독창성의 바탕이 될 뿐만 아니라 누구나 쉽게 배울 수 있는 도구로서의 보편성도 갖추었기 때문이다. 과학은 누구에게나 평등하게 적용되는 보편적 가치를 추구한다. 거기다가 한글은 삼재와 음양오행이라는 동양의 보편철학과 음악이 지닌 보편주의가 적용되어 독창적이면서도 뛰어난 가치를 지닌 문자이다. 이때의 철학과 음악 또한 과학과 마찬가지로 천지자연의 이치라 할 수 있으니 과학처럼 사람을 차별하지 않는다. 결국 철학 보편주의, 음악 보편주의, 과학 보편주의라는 놀라운 평등 지향의 인문주의, 휴머니즘으로 연결되니 한글이 지닌 가치는 놀라울 뿐이다.

두 번째 오해는 맞춤법과 관련된 것으로 한글은 외국인도 쉽게 익힐 수 있는 글자지만, 한편으로는 한글의 복잡한 문법과 생소한 모아쓰기 방식 때문에 오히려 사용하기 어려운 글자라고 생각한다. 한글이 익히기 쉽고 사용하기 쉬운 글자라는 것은 편견이라는 것이다.

일단 한글이 보편적 과학 측면에서 우수성을 지니고 있다고 해서 누구에게나 보편적으로 수용되고 평가되는 것은 아니다. 문자 또한 문화와 역사를 간직하고 있으므로 어떤 맥락에서 보느냐에 따라 수용 양상과 평가는 달라질 수 있다. 문자를 나란히 풀어쓰는 로마자 문화권 사람들 입장에서는 당연히 모아쓰기가 생소함을 넘어 불편한 형태로 보일 수밖에 없다. 그러나 모아쓰기가 모아쓰는 낱글자자

음자, 모음자의 간결함과 모아쓰는 방식의 간결함이 전제된다면 문하저
생소힘을 극복알 수 있다. 그것은 모아쓰는 대표적 글자인 한자와
비교해보면 잘 알 수 있다.

그리고 문자 학습과 그것을 실제 말과 문장으로 담아내는 사용
면에서 구별해서 생각해야 한다. 한글의 문자 교육이 매우 효율적이
라는 것은 저명한 문자학자들이 이구동성으로 인정하는 바이지만,
그것을 실제 부려 쓰는 법칙인 맞춤법을 익히려면 모든 언어가 그렇
듯 일정한 학습 기간이 필요하다. 더욱이 서양 사람들에게는 한국어
가 높임말과 조사, 어미가 발달하여 배우기 어려운 언어에 속하는데
그런 문법을 담아내는 도구로서의 한글이 쉽지만은 않을 것이다. 다
만 분명한 것은 기본 문자 짜임새가 과학적이고 배우기 쉬우므로 맞
춤법과 문법의 어려움을 극복하는 데에 도움이 될 것이다.

세 번째는 세계에는 6천여 개의 언어가 있는 것으로 추정되고 있
는데 이 가운데 문자가 없는 소수 언어, 곧 문자 없는 언어를 한글로
모두 기록할 수 있는가이다. 물론 기록이야 다른 문자로도 가능하다.
문제는 구어의 풍부함과 생생함을 얼마나 다양하고 정확하고 효율적
으로 기록할 수 있느냐는 것이다. 효율성 측면에서 한글보다 더 뛰어
난 문자는 없다. 이건 민족주의도 국수주의도 아닌 문자 보편주의에
따른 판단이다. 물론 한글이 모든 언어, 모든 말소리를 모두 정확하게
적을 수 있다는 의미는 아니다. 다만 인류의 모든 문자 가운데 상대적
으로 더 정확히 적을 수 있다는 것이다.

그렇다면 소수민족의 말을 적기 위해 한글을 보급해야 할 필요가

있을까? 인류의 언어는 보통 6천 개로 분류되고 그중 많은 언어가 밀림이 사라져가듯 사라지고 있다. 밀림을 보호해야 하듯 그런 언어 또한 보존해야 하지 않을까? 이 질문에 대한 답으로 노벨문학상을 받은 작가 르 클레지오Le Clezio의 말을 인용하고 싶다.

2016년 제1회 세계한글작가대회가 한국 경주에서 열렸다. 글쓴이는 한글 문자 담당 전문위원으로 르 클레지오를 직접 초청할 때 참여했다. 르 클레지오는 경주에 와서 강연을 했고, 글쓴이가 직접 질문을 했다. 그랬더니 "말만 있고 문자가 없는 소수 언어를 보존하려면 기록으로 남겨야 한다. 모든 소수 언어를 한글로 쓸 수 있기에 한글 교육은 분명 세계적으로 의의가 있다"라고 했다. 소수 문화에 관심이 많은 세계적인 작가의 말이라 더욱 주목할 만하다. 문자가 없으면 말을 제대로 보존할 수 없고 사라질 확률이 높다. 이 보존 사업을 유엔 차원에서 서둘러야 할 것이다.

그렇다면 한글을 보급해 소수민족의 말을 기록한다면 우리나라는 어떤 이익을 얻을 수 있는가. 소수 언어 기록용으로 한글을 사용할 경우 조금 가볍게 표현한다면 문자 수출이라 볼 수 있다. 다만 물건 수출과 다른 것이 경제적 대가를 받고 수출하는 것이 아니고 한글의 국제적 위상과 그 문자를 만든 한국의 문화적 위상이 올라가는 효과가 있을 것이다. 그리고 외국인에 대한 한국어 교육에도 많은 영향을 미칠 것이다. 다만 문화 우월주의, 문자 제국주의에 빠지는 것을 경계해야 한다. 일부 학자들도 이 점을 우려한다. 그러나 로마자 절대 패권 시대가 바뀌지 않는 한 한글 제국주의는 성립하지도 성립될 수도 없을 것이다. 오히려 로마자 패권주의에 일부 균열을 일으키 문자 문화의 다양성을 유도하는 긍정적 효과가 훨씬 클 것이라고 본다. 따라서 한글을 소수 언어를 적는 문자로 활용한다면 영어나 로마자와 같은 양적 팽창은 아니더라도 질적으로 인류 문화 보존과 발전에 이바지하게 될 것이다.

우선 찌아찌아족 한글 사용에 대한 오해부터 풀 필요가 있다. 2016년에 경주에서 열린 세계한글작가대회 때 글쓴이가 직접 섭외하여 인도네시아 찌아찌아족 최초 한글 교사인 아비딘 선생을 초청해서 강연을 들은 바 있다. 결론은 한글이 찌아찌아족 말을 적는 도구로 매우 효율적이고 뛰어나다는 것이다. 또 정치적인 이유로 우여곡절을 겪었고 물론 일부 지역에서 실험적으로 사용 중이지만 단 한 번도 한글 사용을 멈춘 적이 없다고 한다.

찌아찌아족의 성공 사례는 훈민정음 보급에 열정적인 이기남 선생님과 훈민정음학회의 노력 덕이었지만 앞으로 이 사업이 성공하려면 유엔의 협력이 절대적으로 필요하다. 한국 단독으로 할 경우 문화적 침략이라는 오해의 여지도 있고, 이 문제는 특정 소수민족만의 문제에 국한되지 않기 때문이다. 한국의 제안으로 문맹 퇴치에 이바지한 분들에게 주는 '세종대왕상'을 제정했듯이 유엔과의 협업은 얼마든지 가능하다.

한글의 우수성은 보편 과학에 기초한 것이다. 그러나 그 우수함은 보편 과학에만 있는 것은 아니다. 문자는 말글살이를 위해 필요한 것이니 말글살이 차원에서 우수하지 않으면 의미가 없다. 그런데 보편 과학은 사람다움과 연결된다.

과학은 사람을 차별하지 않는다. 그래서 보편주의다. 한글의 과학적 우수성 덕분에 누구나 쉽게 한글을 배울 수 있고 그 가치를 나눌 수 있다. 과학 그 자체도 중요하지만 과학을 응용해 실용화되었을 때 진정한 가치가 있다. 더욱 중요한 것은 사람다움의 보편적 가치로 실현될 때 참가치가 있는 것이다.

ㅂ
___

지금은 안 쓰는 문자를
어떻게 활용할 것인가?

15세기 훈민정음 28자의 주요 특징
___

현재 한글 기본자는 자음자 14자와 모음자 10자, 모두 24자이다. 그러나 실제 쓰이는 글자는 40자이다. 이렇게 기본자 이외의 문자를 확장자라고 한다. 15세기에는 기본자가 28자로 자음자 17자, 모음자 11자였다. 그러나 실제 《훈민정음》 해례본에서 사용된 글자 수는 자음자의 경우 30자이고 다른 문헌에 쓰인 자음자까지 아우르면 모두 40자로 기본자 17자보다 무려 23자가 많고, 모음자의 경우도 29자로 18자가 더 많았다. 이렇게 15세기에는 기본자 28자 외 확장자가 실제 41자나 많았다. 기본 28자도 상형 기본자 8자_{자음자 5자, 모음자 3자}에서 확장된 것이다. 훈민정음 문자 짜임새의 주요 특징이 확장성에 있음을 알 수 있다.

전 세계 문자 가운데 오로지 훈민정음만이 최소의 문자를 만들어

자음자 확장에 따른 구성도

기본 자음자			운용자		
원형 문자	가획자	이체자 각자병서	병서 합용병서		연서
아음 ㄱ	ㅋ	ㆁ	ㄲ		ㅸ,ㅱ,ㆄ,ㅹ
설음 ㄴ	ㄷㅌ	ㄹ	ㄸ		
순음 ㅁ	ㅂㅍ		ㅃ	ㅳ, ㅄ, ㅄ, ㅵ ㅺ, ㅼ, ㅽ, ㅆ ㅶ, ㅷ	
치음 ㅅ	ㅈㅊ	ㅿ	ㅆㅉ		
후음 ㅇ	ㆆㅎ		ㆅ		
	5자	9자	3자	6자	10자	4자
기본 자음자 17자			병서 16자		연서 4자
초성 23자 * 실제 문헌에 쓰인 'ㅇㅇ·ㄴㄴ' 포함하면 25자			14자 * 실제 문헌에 쓰인 'ㅸ' 포함하면 15자		
실제 쓰인 자음자 37자(ㅸ ㄹ 포함)			특정 한자음 표기 3자(ㅱ·ㆄ·ㅹ)		
모두 40자					

모음자(중성자) 확장에 따른 구성도

기본자(기본 중성자)			합용자(합용 중성자)		
			2자 상합자		3자 합용자
상형 기본자	합성자 초출자	재출자	동출 합용자	ㅣ합용자 기본 중성자와 ㅣ의 합용자	동출 합용자와 ㅣ의 합용자
양성 ·	ㅗ ㅏ	ㅛ ㅑ	ㅘ ㆇ	ㅓ ㅚ ㅐ ㆉ ㅒ	ㅙ ㆈ
음성 ㅡ	ㅜ ㅓ	ㅠ ㅕ	ㅝ ㆊ	ㅢ ㅟ ㅔ ㆌ ㅖ	ㅞ ㆋ
양음성 ㅣ			* 특이 ㅣ합용자(ㆍ ㅡ)		
	3자	4자	4자	4자	4자	10자	4자
기본 중성자 11자			18자		
29자 / 31자(특이 ㅣ합용자 ㆍ ㅡ 포함)					

규칙적으로 확장하는 방식으로 문자를 구성했다. 이는 훈민정음이 최소 원리에 따라 확장 생성된 문자이기 때문에 또 다른 방식으로 생성 확장될 수 있음을 의미한다.

이러한 훈민정음의 확장성에 대해서는 두 가지 제안이나 쟁점이 있다. 훈민정음 28자가 가운데 안 쓰는 글자를 다시 써 활용하자는 제안이다. 또 하나는 28자에는 들어 있지만 15세기에는 매우 중요한 문자였던 합용병서ㄲ, ㅉ 등를 외국어나 외래어 표기로 활용할 수 있느냐이다. 더 나아가 훈민정음을 활용한 국제음성기호IPA와 같은 음성 기호 체제를 마련할 수 있는가, 찌아찌아족 한글 도입처럼 외국의 사라져가는 소수 언어 표기법으로 활용할 수 있는가이다.

이러한 제안이나 논쟁에는 민감한 민족주의 문제도 있고 지나친 문자 혁신 등의 문제도 있어 조심스럽게 접근해야 할 것이다.

훈민정음 확장자의 원리

훈민정음 확장 원리와 의미를 《훈민정음》 해례본을 통해 살펴보자.

'훈민정음'은 모든 백성이 쉬운 문자와 책을 통해 평등하게 소통하게 하려는 공동체 가치와 모든 소리를 바르게 적겠다는 언어 가치가 융합된 이름이다. '훈민정음'은 바로 두 가치가 동시에 구현된 문자다.

《훈민정음》 해례본 정인지서에서는 "천지자연의 소리가 있으면 반드시 천지자연의 문자가 있다"고 했고, 실제 그런 문자를 만들었다. 그리고 "이치가 이미 둘이 아니거늘, 어찌 천지자연의 혼령과 신령스러운 정령과 함께 정음을 쓰지 않겠는가?"라고 비유적으로 자신감을 표출했다. 천지자연의 이치대로 만들었으니 천지자연의 기운과 통한다는 것이다. 마치 오늘날의 기준으로 보면 우주의 기운을 담아 만들었으니 우주의 그 어떤 외계인과도 통할 수 있는 문자라는 뜻이다.

이런 문자를 위해 가장 중요한 글자 만들기 전략으로 자음자 상형 기본자 ㄱㄴㅁㅅㅇ는 발음 기관과 발음 작용을 본뜨고, 모음자 상형 기본자는 하늘과 땅과 사람에게서 본뜬 것을 취하니, 천지인 삼재의 이치를 갖추었다. 자음자 확장자는 소리가 조금 세게 나면 획을 더하기로, 모음자는 상형 기본자 · ㅡ ㅣ를 가지고 합성방식으로 만들었음을 제자해에서 논리정연하게 과학적이고도 철학적인 논리로 설명했다. 그래서 28자로써 전환이 무궁하여 간단하면서도 요점을 잘 드러내고, 정밀한 뜻을 담으면서도 두루 통할 수 있고, 바람 소리, 두루미 울음소리, 닭 소리, 개 짖는 소리도 모두 적을 수 있는 문자가 되었다. 그러므로 슬기로운 사람은 하루아침을 마치기도 전에, 슬기롭지 못한 이라도 열흘 안에 배울 수 있다는 자신감을 정인지는 담담하게 기록하였다.

모든 들리는 소리를 적겠다는 세종의 원대한 꿈은 기본 28자라는 간결한 소리 문자로 구현되었으며 중층적 무한대 생성이 가능한 생성의 문자, 열린 문자로 창제되었다.

훈민정음 글자 수 관계

갈래	상형 기본자	확장자	기본자	응용자	최종
자음자	5	12	17	23	40
모음자	3	8	11	18	29
합계	8	20	28	41	69

위 표에서 보듯 기본 28자는 모음 3자, 자음 5자라는 상형 기본자에서 가획과 합성의 규칙적 생성 과정을 거쳐 완성되었으며 이러한 기본자에서 생성된 문자는 다시 응용을 거쳐 자음 40자, 모음 29자에 이른다. 이러한 훈민정음의 창조력과 생성력은 들리는 모든 소리를 소리 실체에 가장 근접하게 적을 수 있는 가능성과 효용성을 지녔다. 따라서 이러한 훈민정음의 원리를 활용하면 외국어를 정확하게 표기함으로써 외국어 학습의 효율성과 과학성 달성이 가능하다.

실제로 세종과 정음학자들은 《동국정운》과 《홍무정운역훈》을 활용해 정음 표기의 효율성을 보여주었다. 《동국정운》과 《홍무정운역훈》은 중국이 천 년 이상 소리를 문자로 적을 수 없었던 문제를 단숨에 해결한 정음서이다. 한자의 동아시아적 보편성을 또 다른 보편 문자인 정음으로 그 한계를 극복한 것이다. 황제의 나라 중국이 밝히지 못한 정음의 실체를 눈으로 보게 된 기쁨을 《동국정운》에서는 다음과 같이 표현하고 있다.

우리 세종대왕께서는 하늘이 내린 성인으로 식견이 높고 널리 통달하

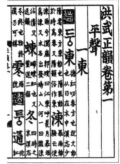

《동국정운》과 《홍무정운》, 《홍무정운역훈》

여 지극하지 아니한 바 없으시어 성운聲韻의 처음과 끝을 모조리 연구하여 헤아리고 옳고 그름을 따져 칠음·사성과 하나의 세로 음과 가로 음이라도 마침내 바른 데로 돌아오게 하였으니, 우리 동방에서 천백 년 동안이나 알지 못하던 것을 열흘이 못 가서 배울 수 있으며, 진실로 깊이 생각하고 되풀이하여 이를 해득하면 성운학이 어찌 자세히 밝히기 어렵겠는가. (중략) 지금 훈민정음으로써 번역하여 소리가 운과 더불어 고르게 되면 같은 음을 쓰는 '음화音化', 다른 부류의 음으로 대신 쓰는 '유격類隔', 순서대로 음을 쪼개는 '정절正切', 맥락에 따라 다르게 음을 쪼개는 '회절回切' 따위로 번거롭고 또 수고로울 필요가 없이 입만 열면 음을 얻어 조금도 틀리지 아니하니, 어찌 풍토가 똑같지 아니함을 걱정하겠는가.

훈민정음 확장 원리는 《월인석보》 권두본인 《훈민정음》 언해본 정음14ㄴ과 정음15ㄱㄴ에 제시되어 있다.

中듕國·귁 소·리·옛 ·니쏘·리·ᄂᆞᆫ 齒:칭頭뚷·와 正·졍齒:칭·왜 ᄀᆞᆯ·ᄒᆡ요미 잇ᄂᆞ니

ᅎ ᅔ ᅏ ᄼ ᄽ 字·ᄍᆞᆼ·ᄂᆞᆫ 齒:칭頭뚷ㅅ소·리·예 ·ᄡᅳ·고

ᅐ ᅕ ᅑ ᄾ ᄿ 字·ᄌᆞᆼ·ᄂᆞᆫ 正·졍齒:칭ㅅ 소·리·예 ·ᄡᅳᄂᆞ·니

:엄·과 ·혀·와 입시·울·와 목소·리·옛 字·ᄍᆞᆼ·ᄂᆞᆫ 中듕國·귁 소·리·예 通통·히 ·ᄡᅳ·ᄂᆞ니·라.

옮김

중국 소리의 잇소리는 윗니소리와 아랫니소리의 구별함이 있으니,

ᅎ ᅔ ᅏ ᄼ ᄽ자는 윗니소리에 쓰고

ᅐ ᅕ ᅑ ᄾ ᄿ자는 아래니소리에 쓰니

어금닛소리와 혓소리와 입술소리와 목구멍소리의 글자는 중국 소리에 두루 쓴다.

물론 우리의 훈민정음 확장 관점은 《훈민정음》 해례본의 확장 원리나 가치를 응용하거나 그 정신과 가치를 살리자는 것이지 그대로 하자는 것은 아니다.

15세기 훈민정음 28자에서 안 쓰는 문자의 활용 문제

1446년에 훈민정음을 반포할 때 기본 글자 수는 28자였으나 지금

은 24자이니 네 자를 쓰지 않고 있다. 그 글자는 자음 ㆁ옛이응, ㆆ여린히읗, ㅿ반시옷, 모음 •아래아이다.

흔히 이런 글자를 '사라진 글자'라고 하지만 엄격히 말하면 그것은 잘못된 말이다. 사라진 것이 아니라 안 쓰는 것이다. 이들 문자는 옛 문헌에 생생하게 남아 있을 뿐만 아니라 아래아의 경우 제주도 토박이들의 발음에 남아 있기도 하기 때문이다.

일부에서는 안 쓰는 네 글자를 뺀 현대 한글을 과학적인 문자라고 볼 수 있는가라며 문제를 제기하고 있다. 당연히 네 글자를 안 쓴다고 해서 훈민정음의 제자 원리가 바뀌거나 그 짜임새가 무너지는 것이 아니므로 한글의 과학성이나 우수성이 문제 되는 것은 아니다. 다만 현대 한글이 다양한 소리를 적을 수 있는 영역이 줄어든 것만은 분명하다.

이들 문자의 정확한 맥락을 짚어보고 이들 문자가 지금 왜 문제가 되는지를 살펴보자. 일부에서는 되살려 쓰자고 하는데 그것이 가능한지도 함께 살펴보겠다.

안 쓰는 모음자, 아래아(하늘아)

세종이 1443년에 창제한 훈민정음 기본자 28자 가운데 모음자는 11자였다. 이 가운데 가운뎃점으로 표기하는 이른바 '아래아'가 없어지고 지금은 기본 모음 10자가 되었다. 지금은 안 쓰지만, 제주도 토속 발음으로 남아 있고 'ᄒᆞᆫ글'과 같이 상품이나 가게 이름으로 사용되고 있다. 이 글자는 비록 지금 사용하는 기본 모음은 아니지만 세종의 괴획직인 한글 장제에서 중심이 된 글자였고, 한글의 정신과 가치를 담고 있기에 가벼이 여겨서는 안 되는 글자이다. 그런데 이 글자를 '아래아'라는 정체불명의 명칭으로 부르는 것은 매우 옳지 않다. 하늘을 본뜬 글자이므로 그간 여러 학자가 주장해왔던 것처럼 '하늘아'로 불러야 마땅하다.

하늘은 천지자연, 우주 만물의 중심이다. 물론 모든 세상 만물은 다 자연 우주의 중심이다. 사람 또한 그러하며 사람의 말소리도 그러해야 한다는 지극히 자연스럽고도 당연한 이치를 세종은 문자에 담고자 하였다. 그래서 하늘을 본뜬 글자를 모음의 중심이자 바탕글자로 삼았다. 사람을 본뜬 'ㅣ'와 땅을 본뜬 'ㅡ'를 결합하여 조화로운 자연의 이치, 삶의 이치를 문자에 반영한 것이다. 하늘을 본뜬 글자에는 양성의 특성과 의미를, 땅을 본뜬 글자에는 음성의 특성과 의미를 부여하여 음양의 조화를 꾀하면서도 사람을 본뜬 'ㅣ'에는 양과 음을 겸하는 중성의 특성과 의미를 부여하였다. 이때의 중성은 단지 가운데라는 의미가 아니라 음양을 싸안는 조화의 요소로 천지인 삼조화의 주체이기도 하다.

이러한 놀라운 의미를 담고 있는 문자 명칭을 '아래아'라고 부를 수는 없다. '아래아'라는 명칭이 일제강점기 때부터 쓴 것은 여러 문헌에서 확인되지만 이 명칭을 누구가 언제부터 쓰기 시작했는지는 아직 밝혀지지 않았다. 한글 음절들 'ㅏ, ㅑ, ㅓ, ㅕ…' 모음자 배열에서 맨 밑에 있다 보니 '아래아'라는 명칭이 생기지 않았을까 추측할 뿐이다.

이 글자의 발음법에 대해서는 세종이 1446년에 펴낸《훈민정음》해례본 제자해에 밝혀놓았다. 그것을 좀 더 풀어서 정리해보면, 입은 ㅏ보다는 좁히고 ㅗ보다는 더 벌려 내는 소리로 입술 모양이 'ㅏ'처럼 벌어지지 않고 'ㅗ'처럼 오므라지지도 않는 중간쯤 되는 소리다. 혀는 'ㅗ'와 같이 뒤쪽으로 오그리는 것으로 'ㅡ' 소리를 낼 때보다 더 오그리고 혀를 아예 오그리지 않는 'ㅣ'보다는 훨씬 더 오그려 내는 소리다. 혀뿌리를 뒤쪽으로 당기듯이 오그리다 보면 성대가 살짝 열리면서 소리가 성대 깊숙한 곳에서 울려 나온다. 즉 후설 중 저모음으로 입술 모양은 둥근 모음과 안 둥근 모음의 중간 정도 되는 소리다.

지금 시각으로 보면 하늘아의 발음 특성은 매우 섬세하여 현대인들은 국어 전문가들조차 이미 굳어진 다른 기본 모음과 명확하게 구별해내지 못한다. 절대음감 수준의 놀라운 소리 분석력이 있었던 세종이었기에 이 소리를 정확히 포착할 수 있었고 문자로 만들 수 있었던 것이다.

하늘아는 다른 모음자의 창제를 가능하게 하고 전체 모음자의 짜임새를 매우 합리적으로 만들게 했다는 점에서 가치가 있다. 사방 팔방으로 뻗어 나갈 수 있는 둥근 점이라는 특성으로 말미암아 'ㅗ ㅏ ㅜ ㅓ', 'ㅛ ㅑ ㅠ ㅕ'짧은 획은 모든 하늘아 점와 같이 'ㅡ ㅣ'를 중심으로 위아래, 좌우로 확장되었다. 전 세계 언어 가운데 한국어는 모음이 가장 발달한 언어이고 종성, 곧 받침이 가장 발달한 언어이다. 그리

· 평순 후설 중저모음		입술 모양은 ㅏ'처럼 벌어지지도 않고 'ㅗ'처럼 오므라지지도 않는 중간쯤 되는 소리다. 혀는 ㅗ 와 같이 안쪽으로 오그리는 것으로 ㅡ를 낼 때보다 더 오그리고 혀를 아예 오그리지 않는 ㅣ보다는 훨씬 더 오그리는 소리로 혀 중앙을 혀 안쪽으로 오그리며 발음하므로 성대가 살짝 열리면서 소리는 성대 깊숙한 곳에서 울려 나온다.
ㅡ 평순 중설 고모음		입술은 작게 옆으로 평평하게 벌리고 입아귀를 가장 작게 벌리어 낸다. 혀 뒤를 여린입천장(연구개)에 바짝 접근하여 조음한다. 이때 혀끝은 아랫니 뒤쪽에 위치하지만 아랫니에는 닿지 않는 상황에서 혀를 안쪽으로 살짝 당기듯이 한다. 혀의 양옆은 어금니에 살짝 닿을 정도로 접근하고, 턱은 아래 어금니와 위 어금니가 거의 맞닿을 정도로 닫는다. 혀뿌리는 /ㅏ/를 조음할 때보다 인두벽에서 더 떨어진다.
ㅣ 평순 전설 고모음		입술은 양옆으로 작게 벌리고 혀를 앞으로 밀어내면서 앞바닥을 아주 높이어 센입천장(경구개)에 가깝게 하고 입귀를 앞 편으로 조금 당기는 듯하고, 입아귀를 가장 작게 벌리어 낸다. 이때 혀끝은 아랫니 뒤에 대고 혀의 양옆은 위 어금니에 단단하게 붙인다. 턱은 아랫니와 윗니가 거의 맞닿을 정도로 닫는다. 혓몸이 앞으로 전진하기 때문에 혀뿌리는 인두벽에서 많이 떨어진다.

고 세종은 이러한 우리말의 특성을 정확히 포착하여 그것을 문자로 만들었다.

이렇게 중요한 글자의 명칭을 '아래아'라고 부르는 것은 한글의 가치와 정신에 어긋나는 일이다. '하늘아'로 부르면 글자의 유래와 가치를 온전히 드러내 줄 수 있다. 학교 현장에서도 합리적인 이름으로 가르친다면 한글 정신과 국어 의식을 북돋우는 효과가 있을 것이다. 물론 다른 모음은 '아야어여오요우유'와 같이 발음 자체가 명칭이 된다. 그러나 이 글자는 발음 그대로 부를 수가 없으니 특별히 명칭으로 그 의미를 제대로 드러내 주고 전해야 한다.

제주도에서는 이 소리가 '뭄국, 물' 등의 말에서처럼 아직 남아 있다. 15세기에는 'ㅡ'와 대립을 이루는 양성모음으로 중요한 구실을 하였고, 소리로는 16세기부터 18세기에 걸쳐 다른 소리로 바뀌어 '무숨 〉무음 〉무음 〉마음'과 같이 'ㅡ'와 'ㅏ'로 바뀌었다. 드물기는 하지만 '수매 〉소매'처럼 'ㅗ'로 바뀐 경우도 있고, '흐루 〉하루'와 같이 'ㅜ'로 바뀐 경우도 있다.

'ㆍ' 음은 인접한 다른 모음에 밀려 변화된 것으로 보인다. 'ㆍ' 소리는 18세기에 이미 표준 발음에서는 안 쓰였지만 표기는 1933년에 한글 맞춤법이 제정될 때까지 쓰였다. 1909년 조선국문연구소에서 아래아 폐지를 제안하고, 1912년에 일제의 '보통학교용 언문 철자법'에서 아래아가 폐지되고, 1933년에 조선어학회 '한글맞춤법통일안'이 제정되며 확정되었다.

안 쓰이는 자음들

ㆁ: 옛이응

'ㆁ'은 마치 사과처럼 꼭지가 붙어 있어 '꼭지이응'이라 부르기도 한다. 하지만 '옛이응'으로 부르는 것이 바른 명칭이다. 받침으로 쓰이는 경우는 '즘싱_{짐승}, 빅셩_{백성}' 등과 같이 오늘날의 이응 받침과 소릿값이 같다.

문제는 《훈민정음》 언해본 제목 '세종엉졩훈민졍흠'의 '엉'와 같이 초성에서 옛이응을 썼을 때의 발음이다. 받침에 쓴 'ㅇ'에는 음가가 없는 반면 '엉御' 발음을 국어 선생님들조차 제대로 못 내어 가르칠 때 어려움을 겪는다. 그래서 글쓴이는 이 발음법을 유튜브에 올려놓았다. 발음하는 요령은 일단 '-웅'처럼 종성 발음을 한 뒤 거기다가 '-어'를 붙여 최대한 빨리 앞 종성을 그다음 초성에 갖다 붙이는 식으로 하면 된다(유튜브《훈민정음》해례본 초성에 쓰인 옛이응 발음법 참조).

'ㅇ'을 받침으로 쓸 때는 글자의 형태만 'ㅇ'로 바뀌었고, 첫소리 자리에 쓸 때는 '그어긔 〉 그어긔 〉 거긔'와 같이 글자는 'ㅇ'로 변하고 발음은 없어진 경우도 있고, '바올 〉 방올 〉 방울'과 같이 'ㅇ'이 앞 음절의 받침으로 이동하면서 글자는 'ㅇ'로 바뀌고 발음은 그대로 유지된 경우도 있다.

ㆆ: 여린 히읗

'ㆆ'은 'ㅎ'과 같은 계열의 소리로 'ㅎ'보다 약한 소리를 나타낼 때 쓰려고 만들었지만 실제로는 특별기호처럼 쓰였다. 《동국정운》식 한자음에서는 '正정音흠정음, 便뼌安한편안'과 같이 쓰였는데 오늘날과 같이 '정음, 편안'이라고 발음할 때 '음'과 '안'을 목에 힘을 주면서 짧게 발음하면 'ㆆ'과 비슷한 소리가 난다. 이 밖에도 '홇 배할 바가, 몯 홇 노미못 할 놈이, 하놇 뜯하늘의 뜻과 같이 썼고, 성종 시대부터 안 썼다. 뜻을 구별하는 소리로 인식되지 않다 보니 없어진 셈이다.

△ : 반시옷

삼각형과 똑같이 생긴 '△'를 흔히 반치음이라고 하는데 그것은 음가 명칭이고 문자 표준 명칭은 '반시옷' 또는 '가벼운시옷'이라 부른다. 물론 해례본에 나오는 명칭은 아니고 현대 국어학자들이 시옷보다 약한 소리라는 뜻에서 그렇게 불렀다.

실제로 이 소리는 'ㅅ'과 같은 잇소리지만 울림소리로 'ㅅ'보다 획은 하나 더 많지만 소리는 약해 많이 탈락되곤 했다. 곧 '△'은 'ㅅ'의 울림소리로 'ㅅ'보다 약한 소리이다. 'ㅅ'처럼 발음하되 혀를 더 낮춰 'ㅅ' 발음을 약하게 하면 된다. 영어의 /z/ 발음과 비슷하다. 발음하는 요령은 'ㅅ'과 같이 윗니와 아랫니를 붙이되 더 붙이면서 목청을 울려 내면 된다. '스△이사이, ᄀ술가을, 니△어이어' 처럼 썼으나 소리가 약하게 나오다 보니 대부분 탈락해 음가가 없는 /ㅇ/으로 바뀌었다. 이러한 변화는 주로 임진왜란 이후에 일어났다.

얼룩말을 뜻하는 영어의 Zebra/zíːbrə/ 흔히 '지브러'라고 하면 이른바 '콩글리시'가 된다. 'ㅈ'는 'ㅅ'보다 더 강한 발음이기 때문이다. 따라서 /△이브러/라고 표기하면 더 정확한 표기가 된다. 글자 자체를 살려낼 수는 없지만 이렇게 발음이나 발음표기에 활용할 수 있다.

안 쓰는 문자의 부활과 한글의 확장성 문제

오늘날 쓰지 않는 훈민정음의 네 글자는 다양한 말소리를 적기 위해 꼭 필요했고 실제 발음도 되던 문자였다. 그야말로 《훈민정음》 해례본 징인시서에서 얘기하고 조선왕조실록에도 실려 있는 "닭 울음소리나 개 짖는 소리까지도 모두 표현해 쓸 수가 있게 되었다"《세종실록》 1446년 9월 29일는 말의 진정성을 보장해주는 문자이기도 하다.

그래서 일부에서는 이 네 글자를 다시 살려 쓰자고 강력히 주장하기도 한다. 실제 정확한 외국어 발음과 표기를 가능하게 하는 글자이다. 남북통일이 되면 맞춤법을 개정할 때 반영할 수도 있을 것이다. 물론 전면 부활은 실효성이 없다. 외국어 학습에 도움이 되도록 제한적 허용을 하는 방안이 가장 현실성이 있어 보인다.

이 밖에도 영어의 자음 체계 가운데 우리말에 없는 발음, 특히 유성음인 /b, v/ 등을 한글 또는 훈민정음으로 표기하는 방안이 제시되기도 했지만 아직은 학자 간에 이견이 많다. 이를테면 15세기 순경음 ㅸ을 양순파열음의 울림소리인 /b/ 대신 쓰자는 사람도 있고 순치마찰음의 울림소리인 /v/ 대신 쓰자는 사람도 있다. 또 세로로 이어 쓰는 것보다 'ㅂㅇ'처럼 가로로 이어 쓰자는 사람도 있어 일부 논란이 일기도 했다.

이런 식의 노력을 긍정적으로 보는 쪽은 가획, 연서, 병서, 합용 등 글자의 확장, 운용 원리가 풍부하게 구비되어 있기 때문에 한국어에 없는 말소리도 이러한 원리를 활용해 표현할 수 있다는 전면가능론과 한국어와 유사한 음절 구조, 음소 체계를 가진 언어에 한해서 적합하다는 제한가능론, 현재 체계로는 한글은 음절별로 모아쓰기를 하므로 영어처럼 풀어쓰는 언어에는 부적합하다는 부적합론 등으로 나뉜다. 또 모아쓰기와 무관하게 하향이중모음 /aj/, /ej/, /ʌj/, /ij/을 표기하기에는 자모가 부족한데 자모를 추가할 때 자질문 자로서 불가피한 자모 간 형태적 유사성이 오히려 식별을 어렵게 할 수도 있다는 것이다.

따라서 한글을 국제음성기호로 제안했을 때 수용 가능성에 대해 서도 제자 원리가 보편적이고 자모가 풍부하기 때문에 가능하다는 쪽과 로마자 기반 국제음성기호가 이미 자리를 잡았으며, 제자 원 리는 소수 전문가만 이해할 수 있다는 측면에서 부적합하다는 쪽으 로 나뉜다. 한글을 무문자 언어권에 보급하려는 노력에 대해서도 인 류의 고급 자산이며, 우리의 자랑인 한글의 우수성에 비추어 인류가 널리 혜택받을 수 있어야 한다는 쪽과 현재로서는 가장 널리 사용 되고 있으며 전산 환경이 완비된 로마자 기반 문자가 무문자 언어용 첫 문자 체계로 가장 적절하므로 한글을 활용하는 노력은 오히려 제 국주의적 문화 침탈로 보는 쪽도 있다.

이에 대해서는 찌아찌아족의 성공 사례가 있고, 아프리카 치뗌보 의 현지 부족 피그미족의 요청으로 진행한 사례도 있다. 이런 경우는 언어 제국주의가 아니라 언어 보편주의로써 나누는 것이므로 보편주 의적 관점에서 훈민정음의 가치를 나누는 것이 바람직해 보인다.

무릇 세상 만물은 변하는 것과 변하지 않는 것의 결합체다. 언어 도 문자도 변하기 마련이다. 변했다면 변한 이유와 맥락이 있을 것 이다. 그걸 안타까워할 이유는 없다. 그러나 변화가 필연이라면 현 재 쓰지 않는 훈민정음 네 글자를 다시 살려 쓰기도 가능한 일이다.

공감대를 얻을 수 있느냐 못 얻느냐가 문제일 뿐이다.

물론 지금은 쓰시 않는 훈민정음 네 글자를 현대 문자로 살려 쓰자는 주장은 설득력이 떨어진다. 그러나 특수 목적용으로 활용하는 것은 가능하다. 우리가 살려 쓰지 않는다면 찌아찌아족이 순경음 비읍을 살려 썼듯 또 다른 가능성이 열려 있다. 중요한 것은 우리가 얼마나 제대로 알고 문자의 가치를 활용하느냐이다.

한글교양

한글 낱글자 수와 배열에는
어떤 의미가 있나?

한글 모아쓰기의 힘

한글은 자음자와 모음자가 골고루 발달되어 있는 낱글자이면서 초성 자음자와 중성자, 종성 자음자를 모아쓰는 '모아쓰기' 글자이기도 하다. 그러다 보니 종횡무진 그야말로 가로 세로로 마음대로 쓸 수 있는 입체 글자가 되었다. 한글이 독창적인 이유는 여러 가지가 있지만 이런 음절자 구성도 독창적인 특징 중 하나이다. '경복궁'을 'ㄱㅂㄱ'으로 하는 초성자 검색 체계도 바로 이런 한글의 모아쓰기 장점을 살린 것이다.

전 세계 문자 가운데 자음자와 모음자가 따로 있는 자모 문자는 로마자 알파벳처럼 낱글자를 풀어쓰는 방식과 한글처럼 모아쓰는 방식 두 가지밖에 없다. 한자도 모아쓰지만 뜻글자이므로 비교 대상이 되지 않는다. 음소 문자 가운데 모아쓰는 글자는 데나가바리 문자, 티베트 문자, 파스파 문자 등인데 한글처럼 모아쓰는 방식이 규칙적이지 않다.

한글의 모아쓰기는 다음과 같이 네 가지가 있다

① 가로로 모아쓰기: 가, 나, 다
② 세로로 모아쓰기: 오, 요, 몸, 곰
③ 가로세로로 모아쓰기: 각, 앙
④ 정방형으로 모아쓰기: 앎, 삶

가로로 모아쓰기는 로마자 알파벳 풀어쓰기와 비슷하지만, 한글은 음절자 단위로 명확히 구별되므로 알파벳의 풀어쓰기와는 전혀 다르다. '스-트-라-이-크'는 5음절이지만 'straik'는 1음절인데 영어는 발음 기호 [straik]를 적지 않는 한 음절 수를 정확히 알기 어렵다.

한글 모아쓰기는 한자 모아쓰기의 영향을 받은 것으로 보이지만 모아쓰기 방식과 원리 면에서 질적으로 차원이 다르다. 한글은 세로축의 모음자 ㅏ, ㅑ, ㅓ, ㅕ, ㅣ와 가로축의 모음자 ㅜ, ㅠ, ㅗ, ㅠ, ㅡ를 중심축으로 모아 써 모아쓰기 방식이 한자와 달리 규칙적이고 간결하다. 곧 한글은 모아쓰기를 전제로 자음자와 모음자가 설계된 문자라고 할 수 있다.

물론 이런 모아쓰기는 영어처럼 풀어쓰는 언어를 사용하는 외국인들에게는 불편할 수 있다. 이를테면 영어처럼 초성 위치에 셋 이상의 자음을 허용하는 언어의 경우에는 한글로 모아쓰기를 할 경우 문자의 가독성이 현저히 떨어지며 컴퓨터 처리도 어렵기 때문이다. 또 한글은 기본 자모 개수가 적고 음운과 문자가 규칙적으로 대응되는 자질문자 체계이므로 습득이 아주 쉽고 빠르다고는 하지만 풀어쓰기에 익숙한 외국인들에게는 배울 때 어려움을 느낄 수도 있다. 그러나 학습에 따라 원리를 익히고 나면 한글의 효율성을 두루 인정하곤 한다.

한글 낱글자와 모아 쓴 음절자 수의 의미

한글은 모음자를 중심으로 한 글자 단위로 첫소리 자음자와 끝소리 자음자를 모아서 쓰기에 한글은 가로뿐만 아니라 세로로도 글자를 배열할 수 있다. 그래서 바둑판처럼 논리정연하게 배열되는 음절표가 생겼다. 이런 표가 생성된 근본 이치는 모음자의 수직선과 수평선이 상하좌우로 결합되는 기준선 구실을 하기 때문이다.

① 수직선 계열 모음자: ㅏ, ㅑ, ㅓ, ㅕ, ㅣ
② 수평선 계열 모음자: ㅗ, ㅛ, ㅜ, ㅠ, ㅡ

모아쓰기 음절 글자의 가장 큰 장점은 자음자와 모음자를 결합하여 수많은 음절 글자를 생성할 수 있다는 점이다. 과학적 원리에 따른 실용성을 보여주는 부분이다. 그렇다면 현대 한글은 모아쓰기로

한글 음절표

갈래	ㄱ	ㄴ	ㄷ	ㄹ	ㅁ	ㅂ	ㅅ	ㅇ	ㅈ	ㅊ	ㅋ	ㅌ	ㅍ	ㅎ	ㄲ	ㄸ	ㅃ	ㅆ	ㅉ
ㅏ	가	나	다	라	마	바	사	아	자	차	카	타	파	하	까	따	빠	싸	짜
ㅑ	갸	냐	댜	랴	먀	뱌	샤	야	쟈	챠	캬	탸	퍄	햐	꺄	땨	뺘	쌰	쨔
ㅓ	거	너	더	러	머	버	서	어	저	처	커	터	퍼	허	꺼	떠	뻐	써	쩌
ㅕ	겨	녀	뎌	려	며	벼	셔	여	져	쳐	켜	텨	펴	혀	껴	뗘	뼈	쎠	쪄
ㅗ	고	노	도	로	모	보	소	오	조	초	코	토	포	호	꼬	또	뽀	쏘	쪼
ㅛ	교	뇨	됴	료	묘	뵤	쇼	요	죠	쵸	쿄	툐	표	효	꾜	뚀	뾰	쑈	쬬
ㅜ	구	누	두	루	무	부	수	우	주	추	쿠	투	푸	후	꾸	뚜	뿌	쑤	쭈
ㅠ	규	뉴	듀	류	뮤	뷰	슈	유	쥬	츄	큐	튜	퓨	휴	뀨	뜌	쀼	쓔	쮸
ㅡ	그	느	드	르	므	브	스	으	즈	츠	크	트	프	흐	끄	뜨	쁘	쓰	쯔
ㅣ	기	니	디	리	미	비	시	이	지	치	키	티	피	히	끼	띠	삐	씨	찌
ㅐ	개	내	대	래	매	배	새	애	재	채	캐	태	패	해	깨	때	빼	쌔	째
ㅒ	걔	냬	댸	럐	먜	뱨	섀	애	쟤	챼	컈	턔	퍠	햬	꺠	떄	뺴	썌	쨰
ㅔ	게	네	데	레	메	베	세	에	제	체	케	테	페	헤	께	떼	뻬	쎄	쩨
ㅖ	계	녜	뎨	례	몌	볘	셰	예	졔	쳬	켸	톄	폐	혜	꼐	뗴	뼤	쎼	쪠
ㅘ	과	놔	돠	롸	뫄	봐	솨	와	좌	촤	콰	톼	퐈	화	꽈	똬	뽜	쏴	쫘
ㅙ	괘	놰	돼	뢔	뫠	봬	쇄	왜	좨	쵀	쾌	퇘	퐤	홰	꽤	뙈	뽸	쐐	쫴
ㅚ	괴	뇌	되	뢰	뫼	뵈	쇠	외	죄	최	쾨	퇴	푀	회	꾀	뙤	뾔	쐬	쬐
ㅝ	궈	눠	둬	뤄	뭐	붜	숴	워	줘	춰	쿼	퉈	풔	훠	꿔	뚸	뿨	쒀	쭤
ㅞ	궤	눼	뒈	뤠	뭬	붸	쉐	웨	줴	췌	퀘	퉤	풰	훼	꿰	뛔	쀄	쒜	쮀
ㅟ	귀	뉘	뒤	뤼	뮈	뷔	쉬	위	쥐	취	퀴	튀	퓌	휘	뀌	뛰	쀠	쒸	쮜
ㅢ	긔	늬	듸	릐	믜	븨	싀	의	즤	츼	킈	틔	픠	희	끠	띄	쁴	씌	쯰
받침	ㄱ ㄲ ㄳ ㄴ ㄵ ㄶ ㄷ ㄹ ㄺ ㄻ ㄼ ㄽ ㄾ ㄿ ㅀ ㅁ ㅂ ㅄ ㅅ ㅆ ㅇ ㅈ ㅊ ㅋ ㅌ ㅍ ㅎ																		

몇 자까지 가능한지 보자. 한글 맞춤법에서는 한글 기본 자모의 수를 다음과 같이 24자로 규정하고 있다.

자음자와 모음자

자음자	ㄱ(기역) ㄴ(니은) ㄷ(디귿) ㄹ(리을) ㅁ(미음) ㅂ(비읍) ㅅ(시옷) ㅇ(이응) ㅈ(지읒) ㅊ(치읓) ㅋ(키읔) ㅌ(티읕) ㅍ(피읖) ㅎ(히읗)
모음자	ㅏ(아) ㅑ(야) ㅓ(어) ㅕ(여) ㅗ(오) ㅛ(요) ㅜ(우) ㅠ(유) ㅡ(으) ㅣ(이)

위와 같은 기본 24자 외에 기본자를 바탕으로 응용하여 확장해 만든 글자로는 자음 5자, 모음 11자가 더 있다.

확장 자음자와 모음자

확장 자음자	ㄲ(쌍기역) ㄸ(쌍디귿) ㅃ(쌍비읍) ㅆ(쌍시옷) ㅉ(쌍지읒)
확장 모음자	ㅐ(애) ㅒ(얘) ㅔ(에) ㅖ(예) ㅘ(와) ㅙ(왜) ㅚ(외) ㅝ(워) ㅞ(웨) ㅟ(위) ㅢ(의)

곧 첫소리에 올 수 있는 자음자 수는 모두 19자이다. 가운뎃소리에 올 수 있는 모음자 수는 21자이다. 끝소리에 올 수 있는 글자 수는 기본 홑자음자 14개ㄱ, ㄴ, ㄷ, ㄹ, ㅁ, ㅂ, ㅅ, ㅇ, ㅈ, ㅊ, ㅋ, ㅌ, ㅍ, ㅎ와 쌍자음자 2개ㄲ, ㅆ, 겹받침 11개ㄳ, ㄵ, ㄶ, ㄺ, ㄻ, ㄼ, ㄽ, ㄾ, ㄿ, ㅀ, ㅄ로 모두 27자이다.

끝소리 자음자	ㄱ, ㄴ, ㄷ, ㄹ, ㅁ, ㅂ, ㅅ, ㅇ, ㅈ, ㅊ, ㅋ, ㅌ, ㅍ, ㅎ/ㄲ, ㅆ/ㄳ, ㄵ, ㄶ, ㄺ, ㄻ, ㄼ, ㄽ, ㄾ, ㄿ, ㅀ, ㅄ

이를 종합해보면 다음과 같다.

한글 자음자와 모음자 구성

갈래		개수	종류
자음자	첫소리 글자 (19) 기본	14개	ㄱ, ㄴ, ㄷ, ㄹ, ㅁ, ㅂ, ㅅ, ㅇ, ㅈ, ㅊ, ㅋ, ㅌ, ㅍ, ㅎ
	쌍자음	5개	ㄲ, ㄸ, ㅃ, ㅆ, ㅉ
	끝소리 글자 (27) 기본	14개	ㄱ, ㄴ, ㄷ, ㄹ, ㅁ, ㅂ, ㅅ, ㅇ, ㅈ, ㅊ, ㅋ, ㅌ, ㅍ, ㅎ
	쌍자음	2개	ㄲ, ㅆ
	겹받침	11개	ㄳ, ㄵ, ㄶ, ㄺ, ㄻ, ㄼ, ㄽ, ㄾ, ㄿ, ㅀ, ㅄ
모음자	가운뎃소리 글자 (21) 기본	10개	ㅏ, ㅑ, ㅓ, ㅕ, ㅗ, ㅛ, ㅜ, ㅠ, ㅡ, ㅣ
	겹모음	11개	ㅐ, ㅒ, ㅔ, ㅖ, ㅚ, ㅟ, ㅘ, ㅝ, ㅙ, ㅞ, ㅢ

　실제 배열은 사전 순으로 하므로 사전식 배열은 첫소리 글자인 경우 'ㄱㄲ~ㅎ' 순이다. 가운뎃소리 글자는 'ㅏ~ㅣ'이고 끝소리 글자는 'ㄱ~ㅎ'이다. 그렇다면 받침 없는 글자 수는 19자×21자=399자가 되고, 받침 있는 글자 수는 399자×27자=10,773자가 된다. 이렇게 생성된 받침 없는 글자 수와 받침 있는 글자 수를 모두 합치면 11,172자가 된다.

ㄱ 종성자가 결합된 음절표

가 나 다 라 막 박 삭 악 작 차 칵 탁 파 학 깍 딱 빡 싹 짝
갸 냐 댜 량 먁 뱍 샥 약 쟉 챽 캭 탹 퍄 향 깍 땩 빡 쌱 짝
걱 넉 덕 럭 먹 벅 석 억 적 척 컥 턱 퍽 헉 꺽 떡 뻑 썩 쩍
격 녁 뎍 력 몍 벽 셕 엮 젹 쳭 켝 턱 펵 혁 격 뗙 뼉 쎡 쪅
곡 녹 독 록 목 복 속 옥 족 촉 콕 톡 폭 혹 꼭 똑 뽁 쏙 쫙
굑 뇩 됵 룍 묙 뵥 쇽 욕 죡 쵹 쿅 툑 푝 휵 꾝 뙥 뾱 쑝 쭑
국 눅 둑 룩 묵 묵 숙 욱 죽 축 쿡 툭 푹 훅 꾹 뚝 뿍 쑥 쭉
귝 늌 듁 륙 뮥 뷱 슉 육 쥭 츅 큗 튝 퓩 휵 뀩 뜍 쀩 쓱 쮝
극 늑 득 륵 믁 븍 슥 윽 즉 측 큭 특 픅 흑 끅 뜩 쁙 쓱 쯕
긱 닉 딕 릭 믹 빅 식 익 직 칙 킥 틱 픽 힉 끽 띡 삑 씩 찍
객 낵 댁 랙 맥 백 색 액 잭 책 캑 택 팩 핵 깩 땍 빽 쌕 짹
겍 넥 덱 렉 멕 벡 섹 엑 젝 첵 켁 텍 펙 헥 껙 떽 뻭 쎅 쩩
곅 녁 뎩 렉 멕 벡 셱 엑 젝 첵 켁 텍 펙 혁 꼑 뗙 뼥 쎅 쪡
걕 녁 댁 랙 맥 백 색 액 쟥 챽 캑 택 팩 핵 깩 땍 빽 쌕 짹
싹 눆 돡 롹 돡 박 싹 왁 좍 촥 콱 톡 곽 확 꽉 똭 뽜 쏴 쫙
꾁 늭 뒥 뢱 뫽 븍 쇡 욍 죅 츽 쾍 퇵 푁 획 꽥 똭 뾱 쒭 쬑
괙 놱 돡 뢕 뫡 백 솩 왝 좩 쵁 쾍 퇙 퐥 홱 꽥 똭 뾕 쐑 쬑
귁 뉙 뒥 뤡 뮥 뷱 쉭 웍 줰 췍 퀵 튁 풥 훰 꿕 뜍 쀩 쒱 쮝
궦 눼 둭 뤡 뮥 붸 쉘 웱 줼 췜 퀖 퉼 퓡 휄 꿰 뗑 쁙 쒭 쮒
긱 닉 딕 릭 믹 빅 싁 읙 직 칙 킥 틱 픽 힉 꼭 뜩 쁙 쓱 쯱

한글 11,172 음절자 구성도

받침 없는 글자	종성자 ㄱ계열	종성자 ㄴ계열	종성자 ㄷ계열
종성자 ㄹ계열	종성자 ㅁ계열	종성자 ㅂ계열	종성자 ㅅ계열
종성자 ㅇ계열	종성자 ㅈ계열	종성자 ㅊ계열	종성자 ㅋ계열
종성자 ㅌ계열	종성자 ㅍ계열	종성자 ㅎ계열	종성자 ㄲ계열
종성자 ㅆ계열	종성자 ㄱㅅ계열	종성자 ㄴㅈ계열	종성자 ㄴㅎ계열
종성자 ㄹㄱ계열	종성자 ㄹㅁ계열	종성자 ㄹㅂ계열	종성자 ㄹㅅ계열
종성자 ㄹㅌ계열	종성자 ㄹㅍ계열	종성자 ㄹㅎ계열	종성자 ㅂㅅ계열

11,172자의 생성 원리와 의미

11,172자의 의미를 좀 더 드러내기 위해 받침 없는 글자 399자에 종성 글자 27자를 하나하나 붙이면 19×21×28이 되고 11,172자가 나온다. 종성자 27자에다가 받침 없는 글자인 경우의 수 1을 더하면 28이 되므로 아예 한꺼번에 곱하면 되는 것이다. 이런 놀라운 결과는 한글의 과학성 때문에 가능한 것이고, 그만큼 말소리를 적을 수 있는 영역이 넓다는 증거기도 하다.

11,172자 가운데 실제 사용하는 글자 수는 2,500자 안팎이다. 오늘날 우리나라는 말소리가 없어져 쓰지 않는 글자가 많지만, 이런 글자를 응용해 인류의 다양한 말소리를 적을 수 있다. 이처럼 한글은 잠재적 실용성이 뛰어난 문자이다.

생성 가능한 한글 음절 11,172자를 모두 쓰는 것은 아니다. 다만 자음자와 모음자, 또는 자음자와 모음자와 받침 자음자로 구성될 수 있는 음절 수가 많은 것만은 분명하다.

세종대왕 동상 옆 세종로공원에는 한글가온길 사업으로 한글글자마당이 조성되어 있다. 서울시는 한글을 아끼는 국민 11,172명에게 글자를 하나하나씩 쓰게 해서 그 손글씨 그대로 바닥에 새겨놓았다. 이 작업에 참여하고 싶은 국민을 11,172명 모은 뒤 글자를 배정해 글씨를 쓰게 한 것이다. 사전 배열 순으로 보면 '가'부터 받침 끝 글자인 'ㅎ'을 붙인 '힣'가 마지막 자가 된다. 마지막 글자는 전남대 손희하 교수가 썼다고 한다.

한글가온길의 한글글자마당

다양한 음절표 갈래와 의미

규칙적 모아쓰기는 훈민정음의 독특한 특성이자 우수한 특성이
다. 음소 문자로 창제되었음에도 우리말 특성에 맞게 모아쓰기 형태
로 표기법을 정한 것은 세종의 가장 창의적인 문자 창제 전략이었
다. 일부에서는 이러한 모아쓰기는 한자와의 혼용을 위해 고안한 것
이라고 보기도 한다. 세종은 한자와의 관계를 고려할 수밖에 없었으
므로 그런 추론도 가능하나 이러한 추론은 모아쓰기가 이루어진 다
양한 추론 가운에 일부에 지나지 않는다.

한글 모아쓰기의 근본은 《훈민정음》 해례본에서도 알 수 있듯 자

최세진의 자모 배열에 따른 음절 생성 재구성

자모	ㅏ	ㅑ	ㅓ	ㅕ	ㅗ	ㅛ	ㅜ	ㅠ	ㅡ	ㅣ	·
ㄱ	가	갸	거	겨	고	교	구	규	그	기	ᄀᆞ
ㄴ	나	냐	너	녀	노	뇨	누	뉴	느	니	ᄂᆞ
ㄷ	다	댜	더	뎌	도	됴	두	듀	드	디	ᄃᆞ
ㄹ	라	랴	러	려	로	료	루	류	르	리	ᄅᆞ
ㅁ	마	먀	머	며	모	묘	무	뮤	므	미	ᄆᆞ
ㅂ	바	뱌	버	벼	보	뵤	부	뷰	브	비	ᄇᆞ
ㅅ	사	샤	서	셔	소	쇼	수	슈	스	시	ᄉᆞ
ㅇ	아	야	어	여	오	요	우	유	으	이	ᄋᆞ
ㅋ	카	캬	커	켜	코	쿄	쿠	큐	크	키	ᄏᆞ
ㅌ	타	탸	터	텨	토	툐	투	튜	트	티	ᄐᆞ
ㅍ	파	퍄	퍼	펴	포	표	푸	퓨	프	피	ᄑᆞ
ㅈ	자	쟈	저	져	조	죠	주	쥬	즈	지	ᄌᆞ
ㅊ	차	챠	처	쳐	초	쵸	추	츄	츠	치	ᄎᆞ
ㅿ	ᅀᅡ	ᅀᅣ	ᅀᅥ	ᅀᅧ	ᅀᅩ	ᅀᅭ	ᅀᅮ	ᅀᅲ	ᅀᅳ	ᅀᅵ	ᅀᆞ
ㅎ	하	햐	허	혀	호	효	후	휴	흐	히	ᄒᆞ

《훈민정음》 해례본 방식 음절표

자모	ㅡ	ㅣ	ㅗ	ㅏ	ㅜ	ㅓ	ㅛ	ㅑ	ㅠ	ㅕ
ㄱ	그	기	고	가	구	거	교	갸	규	겨
ㅋ	크	키	코	카	쿠	커	쿄	캬	큐	켜
ㄲ	끄	끼	꼬	까	꾸	꺼	꾜	꺄	뀨	껴
ㅇ	으	이	오	아	우	어	요	야	유	여
ㄷ	드	디	도	다	두	더	됴	댜	듀	뎌
ㅌ	트	티	토	타	투	터	툐	탸	튜	텨
ㄸ	뜨	띠	또	따	뚜	떠	뚀	땨	뜌	뗘
ㄴ	느	니	노	나	누	너	뇨	냐	뉴	녀
ㅂ	브	비	보	바	부	버	뵤	뱌	뷰	벼
ㅍ	프	피	포	파	푸	퍼	표	퍄	퓨	펴
ㅃ	쁘	삐	뽀	빠	뿌	뻐	뾰	뺘	쀼	뼈
ㅁ	므	미	모	마	무	머	묘	먀	뮤	며
ㅈ	즈	지	조	자	주	저	죠	쟈	쥬	져
ㅊ	츠	치	초	차	추	처	쵸	챠	츄	쳐
ㅉ	쯔	찌	쪼	짜	쭈	쩌	쬬	쨔	쮸	쪄
ㅅ	스	시	소	사	수	서	쇼	샤	슈	셔
ㅆ	쓰	씨	쏘	싸	쑤	써	쑈	쌰	쓔	쎠
ㅎ	ᅙᅳ	ᅙᅵ	호	하	후	허	효	햐	휴	혀
ㄹ	르	리	로	라	루	러	료	랴	류	려

음자, 모음자의 도형성과 대칭성, 수평과 수직적 결합 방식 등의 원리에서 자연스럽게 형성된 것이다. '가갸거겨고교구규그기'로 상징되는 한글 음절표는 한글의 문자 특성과 효용성을 극명하게 드러낸다는 점에서 매우 중요한 텍스트이다.

한글 자모 교육에서 가장 중요한 것이 창조성이다. 최소의 문자로 최대의 글자를 생성해낼 수 있었던 힘은 바로 창조성에서 비롯되었다. 생성성은 소수의 기본 요소에 최소의 규칙을 적용하여 수많은 현상이나 결과를 만들어내는 이치이다. 한글에서는 자음자와 모음자를 결합하며 음절자를 생성해내는 특성을 말한다. 이는 최소성, 규칙성과 체계성에 이미 함의되어 있는 특성이기도 하다. 생성성은 로마자 알파벳과 같은 음소 문자와도 공통된 특성이라 할 수 있으나 로마자 알파벳은 규칙성이 없으므로 한글과는 질적으로 다르다.

무엇보다 한글의 모아쓰기는 자음과 모음을 결합하여 수많은 음절글자를 생성할 수 있다. 이는 한글의 과학적 원리의 실용성을 확인해주는 가장 큰 장점이기도 하다.

생성 가능한 한글 글자 11,172라는 숫자는 한글의 과학성 덕분에 가능한 것이고, 말소리에 대한 표기 영역이 그만큼 넓다는 증거인 것이다. 이런 맥락 때문에 헐버트Hulbert, 1892b, 74쪽는 한글을 가장 넓은 음운 표기력the broadest range of phonetic power을 가진 문자라고 했다.

정인지가 훈민정음은 천지자연의 소리를 적는 천지자연의 문자라고 《훈민정음》 해례본에서 언급한 것은 그런 맥락에서였다. 그래서 "글자의 소리로는 맑고 흐린 소리를 잘 가릴 수 있고, 노랫가락으로는 음률을 명확하게 표현할 수 있다. 글을 쓸 때는 글자가 갖추어 지지 않은 바가 없으며, 어디서든 뜻이 두루 통하지 못하는 바가 없 다. 비록 바람 소리와 학의 울음소리와 닭 소리와 개 짖는 소리라도 모두 적을 수 있다"라고 자신만만하게 선언했던 것이다.

이러한 한글의 생성성은 디지털 시대에 더욱 그 장점을 발휘하고 있다. 이진수를 이용해 무한을 생성해내는 컴퓨터의 원리와 최소 문 자로 최대의 글자를 만들어내는 한글의 생성 원리는 같은 차원이기 때문이다. 15세기의 자음자와 모음자는 현재 우리가 사용하는 글자 보다 훨씬 많으므로 생성 가능한 글자 수도 더 많았다.

이러한 한글 모아쓰기에는 세 가지 중요한 가치가 있다.

첫째, 한글은 음소 문자와 음절 문자의 장점을 모두 갖추었다는 것이다. 일종의 음소-음절 문자인 셈이다. 그만큼 문자로서의 기능 성이 뛰어나다. 영어 'Hamburger'의 주요 언어의 철자와 발음표기를 비교해보면 영어는 3음절이지만 철자 수는 9개이고 음절 경계는 없 다. 중국어는 두 글자이고 발음은 3음절이다. 일본 가나 문자 역시 3음절이지만 음절 수와 철자가 일치하지 않는다. 한국어만이 철자 수와 발음 수가 정확히 일치한다. 물론 '꽃이/꼬치/'처럼 음절 경계 와 발음이 철자와 다른 경우도 있지만 음절 수는 변화가 없다.

둘째, 한글의 기하학적 구조는 우수한 구조미를 보여준다. 단순 직선과 원만으로 기기묘묘한 글자를 만들어내는 구조미에 대해 외 국 디자이너들의 경탄이 이어지고 있다. 글자 뜻은 몰라도 디자인적 묘미에 반하기 때문이다.

'Hamburger'의 주요 언어 철자와 발음표기		
나라	**글자 표기**	**발음**
영어(로마자)	Hamburger	[hǽmbə̀ːrgər]
중국(한자)	汉堡	[한바오]
일본(가나)	ハンバガ	[함바가]
한국(한글)	햄버거	[햄버거]

셋째, 11,172자는 다양한 소리 표기력의 풍부한 상징적 가치를 부여함으로 사라져가는 소수 언어를 적을 수 있는 기호가 된다.

3부

한글 명칭의 역사와 맞춤법

ㅇ
‘한글’ 명칭의 맥락은 무엇인가?
─ ‘한글’ 관련 용어의 역사성

‘한글’ 명칭에 담긴 역사

한글의 탄생과 역사가 그러하듯 그 명칭도 굴곡진 역사를 간직하고 있다. ‘한글’이 일제강점기 때부터 쓰였다면 왜 그런 명칭을 새로 쓰게 된 것이며, 그렇다면 최초의 명칭은 무엇이었을까? 세종대왕은 ‘훈민정음’이라고만 불렀을까? ‘훈민정음, 언문, 국문, 한글, 조선글’ 등 모두 1443년에 창제되고 1446년에 반포한 우리나라 고유의 문자 이름이지만 그 쓰임새는 시대의 맥락에 따라 서로 다른 의미를 지니고 있다.

표준국어대사전에서 ‘한글’이란 명칭은 “시기별로 보면 세종대왕이 우리말을 표기하기 위하여 창제한 훈민정음으로 20세기 이후 달리 이르는 말”로 정의하고 있다. 1446년에 반포될 당시에는 28개의 자모였지만, 현행 한글 맞춤법에서는 24개의 자모만 쓴다고 ‘훈민정

ㅇ

음'과 '한글'의 차이를 분명히 하되 뿌리는 같다고 보고 있다. 그러므로 '한글'을 좁게 보면 1910년대 이후의 명칭이지만 넓게 보면 한글의 뿌리가 훈민정음인 만큼 '15세기의 한글'이라는 식으로 전체를 아우르는 용어로도 쓸 수 있다.

조선 시대에는 주로 '언문諺文'이라는 이름으로, 특별한 경우에만 '훈민정음'으로 사용하였고, 맥락에 따라 '반절, 암클, 중글, 국문' 등 다양하게 불리다가 1910년 이후부터 '한글'이라는 이름으로 정착되었다. 우리는 이런 명칭들의 뜻을 정확히 알 필요가 있는데 각각의 이름 속에 우리 문자 생활의 역사가 담겨 있고 시대의 아픔이 녹아 있기 때문이다.

'훈민정음'에 담긴 새 문자 반포 목적의 가치와 '언문'의 일상성

조선 시대에는 주로 '훈민정음'이라는 이름을 사용했을 것으로 생각하겠지만 실제로는 그렇지 않다. 주로 '언문'이라는 명칭을 사용하였고, 세종대왕도 그러했다. '훈민정음'은 말 그대로 '백성을 가르치기 위한 바른 소리'라는 뜻으로 특별한 자리에서만 사용하였다.

'훈민정음'이 '언문'이란 명칭과 함께 역사에 드러난 것은 세종 28년 1443년 음력 12월 30일 자 《세종실록》에서이다.

이달에 임금이 친히 언문 28자를 지었는데, 그 글자가 옛 전자를 모방

하였고, 초성 · 중성 · 종성으로 나누어 합한 연후에야 글자를 이루었다. 무릇 한자에 관한 것과 우리말에 관한 것을 모두 쓸 수 있고, 글자는 비록 간단하고 요약하지마는 전환하는 것이 무궁하니, 이것을 '훈민정음訓民正音'이라고 일렀다.

여기서 '언문'은 일반 명칭으로, '훈민정음'은 특별 명칭으로 썼음을 실록의 기록은 보여주고 있다. '언문'이란 명칭은 이 기록 직후에 나오는 최만리 등 7인의 상소문에서도 언급되고 있다.

세종은 '훈민정음'이라는 명칭에 새 문자의 취지와 이상을 담아 이름 자체만으로도 그러한 의미를 천명하고자 하였다. 따라서《훈민

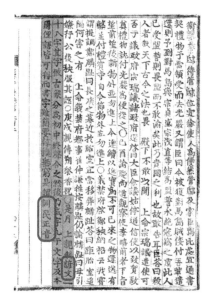

'언문'과 '훈민정음'이라는 명칭이 최초로 등장한《세종실록》

정음》해례본에서는 통칭인 '언문'을 안 쓰고 공식 명칭 '훈민정음'만을 사용하였다. '훈민정음'이라는 명칭은 문자의 목표와 목적을 함께 담고 있다. '훈민'은 문자 창제의 목적을 뜻하고, '정음'은 그러한 목적을 이루기 위한 구체적 목표를 뜻하기 때문이다.

'훈민'은 새 문자가 모든 백성을 대상으로 한 것이지만 특히 하층민을 염두에 둔 민본주의적 통치 이념과 목적을 반영하였다. '정음'은 보편적 음성과 구체적 입말에 대한 과학적 분석을 바탕으로 다목적용 문자 창제의 목표를 구체적으로 담았다. '敎교' 대신에 '訓훈'을 택한 것은 문자로 구체적인 교화정책을 반영하고자 한 것이며, '音음'은 소리 중심의 적극적인 전략으로 소리가 그대로 문자가 되는 소리 문자로서의 자부심을 담았다.

이렇게 보면 '훈민정음'은 통칭이던 '언문'과는 달리 문자 창제의 다목적성을 가장 간단하고도 명징하게 드러내려는 창제자 세종의 다중 전략을 담은 특별 공식 명칭이었음을 알 수 있다.

'언문'을 우리의 고유문자 '훈민정음'의 낮춤말로 알고 있지만 실은 '전하는 말이나 사람들이 주고받는 말을 그대로 옮기어 적을 수 있는 문자'라는 뜻이다. 세종대왕도 이 이름을 사용한 기록이 있고 특별한 경우에만 '훈민정음'이라는 이름을 썼다. '언문'은 궁중과 일부 양반층, 백성들 사이에서 널리 사용되었다. 그런데 사람들이 '훈민정음'을 얕잡아 '언문'이라고 쓰다 보니 낮춤말처럼 인식되어버렸다. 1894년의 갑오개혁 이후 '국서國書', '국문國文' 또는 '조선글'로 불리기도 하였지만 실제로는 '언문'이라 하였다.

'암클, 중글'에 담긴 역사의 역설

조선 시대 한글을 얕잡아 부르던 대표적인 말이 '암글/암클, 중글'이라는 말이다. 더 폭넓게 쓰던 말이 "예전에, 여자들이나 쓰는 글이라는 뜻으로, 한글을 낮잡아 이르던 말"이라고 《표준국어대사전》에까지 버젓이 올라가 있는 것이 '암글'이다. '암-'이라는 말에 ㅎ이 따라다니다 보니 실제로는 '암클'이라 불렀다. '암클'은 매우 부정적인 의미로 썼지만 그만큼 한글 발전에서 여성의 역할이 매우 컸음을 보여주는 대목이기도 하다. 결과적으로 보면 한글 발달에서 여성의 역할이 절대적이었음을 보여주는 역설적인 낱말이다.

그렇다고 모든 여성이 다 한글을 즐겨 쓴 것은 아니다. 왕실 여성과 양반가 여성 가운데 일부만이 한글을 즐겨 썼고 한글로 작품을 남기기도 했다. 특히 왕실 여성들은 사대부 남성들보다 권력과 지위가 더 높았다. 이를테면 중전이 영의정한테 편지를 보내면 이것이 공문서나 마찬가지였는데 예외 없이 한글 문서로 보냈다. 중전이 한문을 안다 해도 반드시 언문으로 문서를 발행하였다. 그럼 영의정은 반드시 한글 문서로 중전에게 답장을 해야 했다. 왕실 내전과 공적인 내용을 주고받은 문서에 한글을 썼던 셈이다.

'중글' 역시 맥락에서는 '암글'과 같다. 세종과 세조는 언문을 주로 불교를 통해 보급했다. 그러다 보니 사찰을 중심으로 언문이 퍼져나가 '중글'이란 명칭도 아울러 쓰게 되었을 것이다. '암클'이든 '중글'이든 이런 용어를 실제 썼다는 기록은 발견되지 않았다.

'한글'로 일제강점기의 희망을 만들다

1894년에 고종은 언문을 주류 공식 문자로 선언하면서 '국문'으로 썼지만 1910년에 국권을 빼앗기면서 이 명칭은 전혀 쓸 수가 없었다. 그렇다고 낮춤말로 인식되던 '언문'을 그대로 쓰기는 곤란하고 그래서 새로 생긴 명칭이 '한글'이다.

'한글'이란 명칭이 1910년 이후에 썼던 것은 분명하지만 누가 언제 만들었는지는 뚜렷한 기록이 남아 있지 않다. 그래서인지 이 명칭을 처음 만든 이로 주시경, 최남선, 이종일《제국신문》 창간인 설이 맞서 있다. 분명한 것은 주시경 선생이 널리 썼다는 사실이다. 어원도 '오직 하나의 큰 글'이라는 뜻과 '한나라 글'에서 온 말이라는 설이 맞서 있다. 조선어학회의 핵심 일꾼이었던 이윤재는 '한글날'이란 명칭이 생긴 그다음 해 강좌에서 '한글'의 어원과 뜻을 이렇게 풀이한 바 있다.

역사를 상고하면 조선 고대 민족이 환족桓族이며, 나라 이름이 환국桓國이었읍니다. '환'의 말뜻은 곧 '한울'입니다. 조선 사람의 시조 단군檀君이 한울로써 명칭이 된 것입니다. 그래서 '환'은 '한'과 같은 소리로 '한울'의 줄인 말이 되었고, 그만 '한'이란 것이 조선을 대표하는 명칭이 된 것입니다. 고대에 삼한三韓이란 명칭도 이에서 난 것이요, 근세에 한국韓國이란 명칭도 또한 이에서 난 것입니다. 또 '한'이란 말의 뜻으로 보아도 '크다大', '하나一'라 '한울天'이란 말로 된 것입니다. 이러한 의미로 우리글을 한글이라 하게 된 것입니다.

말은 사람과 사람의 뜻을 통하는 것이라. 한 말을 쓰는 사람끼리는 그 뜻을 통하여 살기를 서로 도와줌으로 그 사람들이 절로 한 덩이가 되고 그 덩이가 점점 늘어 큰 덩이를 이루나니 사람의 제일 큰 덩이는 나라라. 그러하므로 말은 나라를 이루는 것인데 말이 오르면 나라도 오르고 말이 내리면 나라도 내리나니라.

이러하므로 나라마다 그 말을 힘쓰지 아니할 수 없는 바니라. 글은 말을 담는 그릇이니 이 지러짐이 없고 자리를 반듯하게 잡아 굳게 선 뒤에야 그 말을 잘 지키나니라. 글은 또한 말을 닦는 기계니 기계를 먼저 닦은 뒤에야 말이 잘 닦아 지나니라. 그 말과 그 글은 그 나라에 요긴함을 이루 다 말할 수가 없으나 다스리지 아니하고 묵히면 덧거칠어지어 나라도 점점 내리어 가나니라. 말이 거칠면 그 말을 적는 글도 거칠어지고 글이 거칠면 그 글로 쓰는 말도 거칠어 지나니라. 말과 글이 거칠면 그 나라 사람의 뜻과 일이 다 거칠어지고 말과 글이 다스리어지면 그 나라 사람의 뜻과 일도 다스리어지나니라.

이러하므로 나라를 나아가게 하고자 하면 나라 사람을 열어야 되고 나라 사람을 열고자 하면 먼저 그 말과 글을 다스린 뒤에야 되나니라. 또 그 나라 말과 그 나라 글은 그 나라 곧 그 사람들이 무리진 덩이가 천연으로 이 땅덩이 위에 홀로 서는 나라가 됨의 특별한 빛이라. 이 빛을 밝히면 그 나라의 홀로 서는 일도 밝아지고 이 빛을 어둡게 하면 그 나라의 홀로 서는 일도 어두워 가나니라.

우리나라에 뜻 있는 이들이여 우리나라 말과 글을 다스리어 주시기를 바라고 어리석은 말을 이 아래 적어 큰 바다에 한 방울이나 보탬이 될까 하나이다. 말도 풀어 보려면 먼저 소리를 알아야 하는지라. 이러하므로 이 아래에 소리의 어떠함을 먼저 말하노라.

—현대말로 옮김/한글학회

한글배곧죽보기
(조선어강습원 연혁)

한글모죽보기
(국어연구학회 연혁)

한글배곧(조선어강습원) 졸업장
* '최현이(崔鉉弱)'는 '최현배'의 옛 이름이다.

한글의 '한'이란 겨레의 글, '한'이란 나라의 글 곧 조선의 글이란 말입니다

— 이윤재, 〈한글강좌 1강 한글의 말뜻〉

주시경 선생이 1910년 6월 10일에 발표한 〈한나라말〉은 '-말'로 끝났지만 〈한국어〉가 말과 글을 모두 가리키듯 '한나라말'도 말과 글을 모두 가리키므로 여기에서부터 '한글'의 뿌리를 발견할 수 있다. '한글'을 '한나라글'로 볼 수 있기 때문이다.

주시경 선생은 1913년 3월 23일에 조선언문회朝鮮言文會, 지금의 한글학회 총회에서 '배달말글몯음'을 '한글모'로 바꾸기로 결정하였고, 1914년 4월에는 '조선어강습원'을 '한글배곧'으로 이름을 바꾸었다. 이런 흐름으로 볼 때 '한글'이라는 명칭은 주시경 선생이 1913년 무렵부터 본격적으로 쓴 것으로 보인다.

1927년부터는 조선어학회 회원들이 《한글》이라는 잡지를 매달 발간하였고, 1928년 11월 11일에 조선어연구회에서 '가갸날'을 '한글날'로 고쳐 부르며 더욱 널리 퍼졌다. 1932년에 최현배 선생이 어느 식당 방명록에 '한글이 목숨'이라는 글귀를 남겼다. 우리의 말글 독립은 이렇게 치열한 한글 정신으로 이루어진 것이다.

ㅈ

왜 '기역, 디귿, 시옷'을
'기윽, 디읃, 시읏'으로 바꾸어야 하나?

한글 자모 명칭의 유래

　한글 자음자와 모음자의 명칭은 한글 소통과 교육의 주요 출발점이 되므로 매우 중요하다. 또한 그만큼 역사성 면에서도 중요할 수밖에 없다. 현재 명칭은 최세진이 1527년에 《훈몽자회》에서 정리한 명칭으로 1933년에 조선어학회에서 한글 맞춤법을 제정하면서 확정하였다. 해방 후 남한은 그 명칭을 그대로 이어가고 있고 북한은 나름대로 조금 바꿨다. 그 이름 중 다른 것이 남한의 '기역, 디귿, 시옷'이고, 북한은 '기윽, 디읃, 시읏'이라 한 점이다.

　그럼 왜 이렇게 달라졌는지 어떤 이름이 더 합리적인지 살펴보자.

　지금 우리가 쓰는 한글의 기본 자음 글자 수는 14자다. 그런데 그 자음을 부르는 이름 중 'ㄱ, ㄷ, ㅅ' 세 글자는 규칙적 명칭에서 조금 벗어나 있다. '기윽, 디읃, 시읏'이 아닌 '기역, 디귿, 시옷'이기 때문이다. 다른 자음자들은 모음 가운데서도 가장 기본 모음이면서 바탕 노음인 'ㅣ, ㅡ'를 활용해 명칭을 정했다. 자음은 홀로 발음할 수 없고 모음의 도움을 받아야만 발음할 수 있다. 이렇듯 두 모음을 활용해 첫소리에서 나는 자음과 끝소리에서 나는 자음을 동시에 드러내는 '니은, 리을' 식으로 이름을 붙인 것이다. 그런데 '기역, 디귿, 시옷'만은 그렇지 않다.

참고로 자음과 모음, 초성, 중성, 종성 등의 명칭은 소리_{음운} 차원과 문자 차원의 명칭이 다르므로 아래 표처럼 명확히 구별해야 한다.

한글 기본 자음의 이름은 조선 시대 어학자 최세진이 당시에 통용되던 이름을 기록으로 남긴 것이다. 《훈몽자회》를 보면 자음의 이름을 한자로 적을 때 '-은, -을' 같은 음은 대응되는 한자 '隱_은, 乙_을'로 적었으나, 대응되는 한자가 없는 '-윽, -은, -옷'은 이와 비슷한 한자나 뜻을 빌려 '기역, 디귿, 시옷'으로 적은 것이다. 다시 말해, '기역'은 '其役_{기역}'으로, '디귿'은 '池末_{디말}'로, '시옷'은 '時衣_{시의}'로 적었다.

낱글자의 정확한 명칭

갈래			소리/음운			문자		
국	ᄼ ㄱ =	자음	첫소리	초성	자음자	첫소리 글자	초성자
	→ ㅜ =	모음	가운뎃 소리	중성	모음자	가운뎃소리 글자	중성자
	ᄾ ㄱ =	자음	끝소리	종성	자음자	끝소리 글자	종성자

'윽'은 '役부릴 역'으로 비슷한 한자음을 취한 것이다. 그러나 '은'의 경우는 뜻의 음이 비슷한 '末끝<귿 말>'로, '옷'도 뜻의 음이 비슷한 '衣옷 의'에서 '옷'을 따와 자모의 명칭으로 삼았다. 이들 명칭은 다른 명칭과 다르기는 하지만 첫소리의 자음과 끝소리의 자음을 모두 보여주는 방식은 '니은, 리을' 등 다른 자음과 같다.

남한에서는 이런 오랜 전통을 존중하여 '기역, 디귿, 시옷'으로 부르지만, 북한에서는 다른 것과의 일관성을 좇아 '기윽, 디읃, 시읏'으로 명칭을 삼았다. 그리고 'ㅡ'를 붙인 '그, 느, 드' 식의 명칭도 같이 쓴다.

최세진은 《훈몽자회》의 범례에서 자음자를 다음과 같이 두 부류로 나눠 명칭을 달리했다.

① 초성과 종성으로 두루 쓰는 여덟 글자: ㄱ其役 ㄴ尼隱 ㄷ池(末) ㄹ 梨乙 ㅁ眉音 ㅂ非邑 ㅅ時(衣) ㆁ異凝
② 초성으로만 쓰는 여덟 글자: ㅋ(箕) ㅌ治 ㅍ皮 ㅈ之 ㅊ齒 ㅿ而 ㅇ伊 ㅎ屎
  * 괄호에 든 것은 음독하지 말고 훈독하라는 표시

최세진 역시 분명하게 명칭을 밝힌 것은 아니다. 발음 나는 대로 쓸 경우 초성과 종성에 두루 쓰이는 자음에는 기본 모음 'ㅣ', 'ㅡ'를 붙여 'ㅣ' 앞에는 초성자의 보기를, 'ㅡ' 밑에는 종성자의 보기를 보여주고 있기 때문이다. 이에 반해 종성에서는 발음되지 않으니 초성 발음으로만 쓰이는 글자에는 'ㅣ'만 붙였다. 곧 《훈몽자회》에서 "ㄱ其役 ㄴ

자음과 모음의 남북 명칭과 배열 순서

자음(19자)

남한	순서	ㄱ ㄲ ㄴ ㄷ ㄸ ㄹ ㅁ ㅂ ㅃ ㅅ ㅆ ㅇ ㅈ ㅉ ㅊ ㅋ ㅌ ㅍ ㅎ
남한	이름	기역 쌍기역 니은 디귿 쌍디귿 리을 미음 비읍 쌍비읍 시옷 쌍시옷 이응 지읒 쌍지읒 치읓 키읔 티읕 피읖 히읗
북한	순서	ㄱ ㄴ ㄷ ㄹ ㅁ ㅂ ㅅ ㅈ ㅊ ㅋ ㅌ ㅍ ㅎ ㄲ ㄸ ㅃ ㅆ ㅉ (ㅇ)*
북한	이름	기윽 니은 디읃 리을 미음 비읍 시읏 지읒 치읓 키윽 티읕 피읖 히읗 된기윽 된디읃 된비읍 된시읏 된지읒 이응
북한		그 느 드 르 므 브 스 즈 츠 크 트 프 흐 끄 뜨 쁘 쓰 쯔 으

* 'ㅇ'은 북한에서는 음가가 없기 때문에 맨 뒤에 나온다.

모음(21자)

남한	순서	ㅏ ㅐ ㅑ ㅒ ㅓ ㅔ ㅕ ㅖ ㅗ ㅘ ㅙ ㅚ ㅛ ㅜ ㅝ ㅞ ㅟ ㅠ ㅡ ㅢ ㅣ
남한	이름	아 애 야 얘 어 에 여 예 오 와 왜 외 요 우 워 웨 위 유 으 의 이
북한	순서	ㅏ ㅑ ㅓ ㅕ ㅗ ㅛ ㅜ ㅠ ㅡ ㅣ ㅐ ㅒ ㅔ ㅖ ㅚ ㅟ ㅢ ㅘ ㅝ ㅙ ㅞ
북한	이름	아 야 어 여 오 요 우 유 으 이 애 얘 에 예 외 위 의 와 워 왜 웨

尼隱 ㄷ池(末) ㄹ梨乙 ㅁ眉音 ㅂ非邑 ㅅ時(衣) ㅇ異凝"이라 한 것은 자음자의 명칭이라기보다는 초성으로 쓸 때와 종성으로 쓸 때의 소릿값을 보여주기 위한 것이었다. 물론 쓰임새에 따른 소릿값을 바르고 정확하게 보여주는 명칭이라면 가장 이상적인 명칭이 될 것이다.

이때는 발음도 표기도 모두 8종성이 가능한 시대였다. 그러나 한글 맞춤법이 제정된 일제강점기 때는 받침에 'ㅈ, ㅊ, ㅋ, ㅌ, ㅍ, ㅎ'와 같은 초성자도 쓸 수 있었으므로 조선어학회에서는 '지, 치, 키, 티, 피, 히'도 '지읒, 치읓, 키읔, 티읕, 피읖, 히읗' 식으로 바꾸었다.

그런데 최세진은 한자학습서라서 그랬는지 발음을 한자 그것도 이두식 표현을 동원해 적다 보니 한자음에 없는 '기윽'의 '윽', '디은'의 '은', '시읏'의 '읏'를 비슷한 한자를 붙이거나 이두식 표기를 동원해 적었던 것이다. 결국 이런 한자식 표기에 따라 오늘날 같은 예외 명칭이 생성된 것이다. 곧 괄호 친 것은 모두 훈으로 읽으라는 뜻이다. 'ㅋ'도 '箕기ㄱ'이므로 '키'가 된다.

《훈민정음》 해례본에서의 명칭

《훈민정음》 해례본 그 어디에도 자음자와 모음자를 어떻게 읽었는지에 대한 흔적은 단 한 군데도 나와 있지 않다. 그것은 읽는 방법이 지극히 상식적이고 보편적이어서 굳이 설명을 안 해놓은 것이 아닌가 싶다. 그렇다면 상식과 보편에 맞춰 우리는 읽는 법을 찾아내

《훈민정음》 해례본과 언해본의 28자 설명

갈래			해례본(한문본)	언해본
초성자	아음	ㄱ.	牙音. 如君字初發聲 並書, 如虯字初發聲	ㄱ·는 :엄쏘·리·니 君군ㄷ字·쫑 ·처섬 ·펴·아 나는 소·리 ·그·티·니 글·봐·쓰·면 虯끃字·쫑 ·처섬 ·펴·아 나는 소·리 ·그·투니·라
		ㅋ.	牙音. 如快字初發聲	ㅋ·는 :엄쏘·리·니 快·쾡ㆆ字·쫑 ·처섬 ·펴·아 나는 소·리 ·그·투니·라
		ㆁ.	牙音. 如業字初發聲	ㆁ·는 :엄쏘·리·니 業·업字·쫑 ·처섬 ·펴·아 나는 소·리 ·그·투니·라
	설음	ㄷ.	舌音. 如斗字初發聲 並書, 如覃字初發聲	ㄷ·는 ·혀쏘·리·니 斗·둫ㅸ字·쫑 ·처섬 ·펴·아 나는 소·리 ·그·투·니 글·봐·쓰·면 覃땀ㅂ字·쫑 ·처섬 ·펴·아 나는 소·리 ·그·투니·라
		ㅌ.	舌音. 如吞字初發聲	ㅌ·는 ·혀쏘·리·니 呑툰ㄷ字·쫑 ·처섬 ·펴·아 나는 소·리 ·그·투니·라
		ㄴ.	舌音. 如那字初發聲	ㄴ·는 ·혀쏘·리·니 那낭ㆆ字·쫑 ·처섬 ·펴·아 나는 소·리 ·그·투니·라
	순음	ㅂ.	脣音. 如彆字初發聲 並書, 如步字初發聲	ㅂ·는 입시·울쏘·리·니 彆·볋字·쫑 ·처섬 ·펴·아 나는 소·리 ·그·투·니 글·봐·쓰·면 步·뽕ㆆ字·쫑 ·처섬 ·펴·아 나는 소·리 ·그·투니·라
		ㅍ.	脣音. 如漂字初發聲	ㅍ·는 입시·울쏘·리·니 漂푤ㅸ字·쫑 ·처섬 ·펴·아 나는 소·리 ·그·투니·라
		ㅁ.	脣音. 如彌字初發聲	ㅁ·는 입시·울쏘·리·니 彌밍ㆆ字·쫑 ·처섬 ·펴·아 나는 소·리 ·그·투니·라
	치음	ㅈ.	齒音. 如即字初發聲 並書, 如慈字初發聲	ㅈ·는 ·니쏘·리·니 即·즉字·쫑 ·처섬 ·펴·아 나는 소·리 ·그·투니·라 글·봐·쓰·면 慈쭝ㆆ字·쫑 ·처섬 ·펴·아 나는 소·리 ·그·투니·라
		ㅊ.	齒音. 如侵字初發聲	ㅊ·는 ·니쏘·리·니 侵침ㅂ字·쫑 ·처섬 ·펴·아 나는 소·리 ·그·투니·라
		ㅅ.	齒音. 如戌字初發聲 並書, 如邪字初發聲	ㅅ·는 ·니쏘·리·니 戌·슗字·쫑 ·처섬 ·펴·아 나는 소·리 ·그·투니·라 글·봐·쓰·면 邪썅ㆆ字·쫑 ·처섬 ·펴·아 나는 소·리 ·그·투니·라
	후음	ㆆ.	喉音. 如挹字初發聲	ㆆ·는 목소·리·니 挹·흡字·쫑 ·처섬 ·펴·아 나는 소·리 ·그·투니·라
		ㅎ.	喉音. 如虛字初發聲 並書, 如洪字初發聲	ㅎ·는 목소·리·니 虛헝ㆆ字·쫑 ·처섬 ·펴·아 나는 소·리 ·그·투·니 글·봐·쓰·면 洪뽕ㄱ字·쫑 ·처섬 ·펴·아 나는 소·리 ·그·투니·라
		ㅇ.	喉音. 如欲字初發聲	ㅇ·는 목소·리·니 欲·욕字·쫑 ·처섬 ·펴·아 나는 소·리 ·그·투니·라
	반설음	ㄹ.	半舌音. 如閭字初發聲	ㄹ·는 半·반·혀쏘·리·니 閭령ㆆ字·쫑 ·처섬 ·펴·아 나는 소·리 ·그·투니·라
	반치음	ㅿ.	半齒音. 如穰字初發聲	ㅿ·는 半·반·니쏘·리·니 穰샹ㄱ字·쫑 ·처섬 ·펴·아 나는 소·리 ·그·투니·라
중성자	상형 기본자	·.	如吞字中聲	·․는 呑툰ㄷ字·쫑 가·온·딧소·리 ·그·투니·라
		ㅡ.	如即字中聲	ㅡ·는 即·즉字·쫑 가·온·딧소·리 ·그·투니·라
		ㅣ.	如侵字中聲	ㅣ·는 侵침ㅂ字·쫑 가·온·딧소·리 ·그·투니·라
	초출자	ㅗ.	如洪字中聲	ㅗ·는 洪뽕ㄱ字·쫑 가·온·딧소·리 ·그·투니·라
		ㅏ.	如覃字中聲	ㅏ·는 覃땀ㅂ字·쫑 가·온·딧소·리 ·그·투니·라
		ㅜ.	如君字中聲	ㅜ·는 君군ㄷ字·쫑 가·온·딧소·리 ·그·투니·라
		ㅓ.	如業字中聲	ㅓ·는 業·업字·쫑 가·온·딧소·리 ·그·투니·라
	재출자	ㅛ.	如欲字中聲	ㅛ·는 欲·욕字·쫑 가·온·딧소·리 ·그·투니·라
		ㅑ.	如穰字中聲	ㅑ·는 穰샹ㄱ字·쫑 가·온·딧소·리 ·그·투니·라
		ㅠ.	如戌字中聲	ㅠ·는 戌·슗字·쫑 가·온·딧소·리 ·그·투니·라
		ㅕ.	如彆字中聲	ㅕ·는 彆·볋字·쫑 가·온·딧소·리 ·그·투니·라

야 한다. 그 실마리는 《훈민정음》 언해본에 있다. 물론 언해본에도 따로 설명이 나오는 것은 아니다. 모음자는 그대로 읽었을 것이고 자음자는 어떤 모음을 붙여 읽었을 것이다. 그래서 모음자를 살펴보니 양성이냐 음성이냐에 따라 규칙성을 띤다.

조사가 모음으로 끝난 경우에는 양성 모음 다음에서는 'ᄂᆞᆫ'을, 음성 모음 다음에서는 '는'을 붙여 읽었다. 여기서 특이한 것은 'ㅣ'모음자다. 보통 중성모음이라고 하지만 '중성'이라는 말은 해례본, 언해본 그 어디에도 안 나온다. 다만 하늘과 땅, 곧 양과 음을 겸하는 모음이라는 설명이 나오므로 오늘날의 말로 '중성' 또는 '양성'이라 할 수 있을 것이다. 양과 음을 겸하는 모음이지만 여기에 붙은 조사를 보니 양성 모음 취급했음을 알 수 있다.

그런데 자음으로 끝난 경우에는 일관되게 'ᄂᆞᆫ'을 붙였으므로 기본 모음 가운데 'ㆍ'나 'ㅣ'를 붙여 읽었을 것이다. 그렇다면 누구나 쉽고 편하게 발음할 수 있는, 두루두루 쉽게 적용되는 모음을 붙였을 것이므로 그것은 당연히 'ㅣ'모음밖에 없다.

《훈민정음》 언해본의 양성 모음과 음성 모음 사용 용례

·ᄂᆞᆫ	·는
·ᄂᆞᆫ 呑튼ㄷ字ᄍᆞᆼ 가·온·ᄃᆡᆺ소·리 ·ᄀᆞ·ᄐᆞ니·라 ㅣ·ᄂᆞᆫ 侵침ㅂ字ᄍᆞᆼ 가·온·ᄃᆡᆺ소·리 ·ᄀᆞ·ᄐᆞ니·라	ㅡ는 卽즉字ᄍᆞᆼ 가·온·ᄃᆡᆺ소·리 ·ᄀᆞ·ᄐᆞ니·라
ㅗᄂᆞᆫ 洪ᅘᅩᆼㄱ字ᄍᆞᆼ 가·온·ᄃᆡᆺ소·리 ·ᄀᆞ·ᄐᆞ니·라 ㅏ·ᄂᆞᆫ 覃땀ㅂ字ᄍᆞᆼ 가·온·ᄃᆡᆺ소·리 ·ᄀᆞ·ᄐᆞ니·라 ㅛᄂᆞᆫ 欲욕字ᄍᆞᆼ 가·온·ᄃᆡᆺ소·리 ·ᄀᆞ·ᄐᆞ니·라 ㅑ·ᄂᆞᆫ 穰ᅀᅣᆼㄱ字ᄍᆞᆼ 가·온·ᄃᆡᆺ소·리 ·ᄀᆞ·ᄐᆞ니·라	ㅜ는 君군ㄷ字ᄍᆞᆼ 가·온·ᄃᆡᆺ소·리 ·ᄀᆞ·ᄐᆞ니·라 ㅓ는 業업字ᄍᆞᆼ 가·온·ᄃᆡᆺ소·리 ·ᄀᆞ·ᄐᆞ니·라 ㅠ는 戌슗字ᄍᆞᆼ 가·온·ᄃᆡᆺ소·리 ·ᄀᆞ·ᄐᆞ니·라 ㅕ는 彆볋字ᄍᆞᆼ 가·온·ᄃᆡᆺ소·리 ·ᄀᆞ·ᄐᆞ니·라

남북한의 한글 자모 명칭 차이와 통일 방안

남북통일은 누구나 간절히 바라는 우리 모두의 꿈이다. 언어통일 1단계는 한글 관련 통일이다. 북한은 '한글'이란 명칭을 수용하고 남한은 북한처럼 '기역, 디귿, 시옷'을 '기윽, 디은, 시읏'으로 바꾸는 것이다. 또 남한의 한글날과 북한의 훈민정음 기념일을 함께 기리는 방안도 생각해볼 수 있다.

'한글'은 가장 가까운 통일의 끈이자 조금만 노력하면 금방 실천할 수 있는 분야기도 하다. 북한에서는 '한글'이란 용어 대신에 '조선글'이라고 한다. 남한에서 '조선글'이란 명칭을 쓸 수 없듯 북한에서도 '한글'은 금기어이다. '한글'을 '남조선'의 말로 여겼기 때문이다. 그러나 '한글'은 분단 훨씬 이전 일제강점기 때부터 써오던 말이므로 남한만의 말이 아니다. 북한이 이 명칭을 거부할 이유가 전혀 없다. 더욱이 북한은 남한보다 일제 청산을 더 철저히 하지 않았는가. 최현배 선생이 1932년에 '한글이 목숨'이란 말을 남겼듯이 남이든 북이든 일제강점기를 이겨낸 역사가 '한글'에는 담겨 있다.

이렇게 북한이 '한글'이란 명칭을 받아들인다면 남한은 북한의 '기윽, 디은, 시읏'을 받아들여야 한다. 일단은 복수 표준으로 세우면 된다. 잘못된 용어는 하루빨리 바꾸어야 한다. '기역, 디귿, 시옷'의 예외 명칭은 과학적인 한글 정신에 위배된다. 가장 기본이 되는 혀 앞에서 나는 'ㅣ' 모음과 혀 뒤에서 나는 가장 약한 모음인 'ㅡ'로써 자음의 특성이 잘 드러나게 한 과학적인 명칭이기 때문이다. 더욱이 한글을 처음 배우는 학생들을 비롯해 많은 사람이 몹시 헷갈릴 수밖에 없다. 요즘 한글과 한국어를 배우는 외국인들이 날로 늘고 있는데 그들에게 명칭 학습에 대한 부담까지 줄 필요는 없지 않은가.

남북이 같은 문자를 사용하고 있으면서 명칭도 통일을 못 한다면 단일 언어를 사용하는 민족으로서 몹시 부끄러운 일이다. 마침 남북이 함께 남북 겨레말 사전 편찬을 진행하고 있다. 남북 분위기가 좋아지면 이 사업도 더욱 탄력받을 것이다. 한글 자음자 모음자 명칭은 그 자체가 한글의 역사다. 따라서 합리적인 명칭이야말로 한글을 쓰고 드러내는 가장 존귀한 길일 것이다.

ㅈ

ㅊ
한글 맞춤법에 담긴
근본 원리는 무엇인가?

한글 맞춤법은 과연 어려울까?

흔히들 한글은 쉬운데 맞춤법이 어렵다고 한다. 그 이유는 두 가지다. 하나는 맞춤법에는 문법이 반영되어 있으므로 문법이 어려워서 그런 것일 수도 있고, 둘째는 영어 문법은 열심히 공부하면서 우리말 문법은 소홀히 하다 보니 어렵게 느껴질 수밖에 없을 수도 있다. 두 가지 이유 다 맞을 것이다. 문법은 어떤 언어든 그 나라 말의 쓰임새를 체계화한 지식 영역에 해당하므로 모든 문법은 근본적으로 어려울 수밖에 없다. 그것은 모든 언어의 보편 현상이라 한국어 문법만 어렵다고 얘기할 수는 없다.

특히 한국어 품사 명칭보다 영어 품사 명칭에 더 익숙한 우리나라 사람들이 한국어 또는 한글 맞춤법이 어렵다고 함부로 얘기해서는 안 될 것이다. 이런 분들은 페이스북에 올라온 정윤영 선생님의 다음 글을 귀담아들을 필요가 있다. 그래서 전문을 인용해본다.

오늘 대놓고 화를 좀 내겠습니다. 맞춤법, 그거 틀릴 수 있습니다. 수십만 개의 단어를 모두 어법에 맞게 쓰기는 어렵습니다. 띄어쓰기, 그것도 조금 잘못 써도 아무 관계 없습니다. 그러나, 그러나 제발, 우리글이 너무 어렵다는 말씀은 하지 마십시오. 여러분은 글을 쓰고 난 뒤에 자신이 쓴 글이 어법에 맞는지 어떤지 꼭 확인을 하시는지요? 그런 확인도 하지 않으면서 우리글이 어렵다고 하면 안 됩니다. 컴퓨터 자판을 두어 번 두들기면 금방 확인할 수 있는데 말입니다.

중등학교에서 33년 동안 우리말 우리글을 가르쳐온 저는 지금도 글쓰기를 할 때면 내가 쓴 글에 맞춤법이나 띄어쓰기가 잘못된 게 없는지 늘 살펴봅니다. 그래도 틀린 게 나옵니다. 나이가 드니 더 자신이 없어졌습니다. 어떤 이는 SNS에서 아예 모든 글자를 붙여쓰기도 하더군요. 그것도 유명 대학을 나온 사람이 그럽디다. 맞춤법과 띄어쓰기가 틀린 게 나오면 창피스럽기 때문일까요? 그게 아니라면 모든 글자를 붙여 쓰는 것은 읽는 이에 대한 배려가 전혀 없는 무례한 행위입니다. 또 어떤 이는 우리말 문법이 너무 자주 바뀐다고 합니다. 명백한 거짓말입니다. 1933년, 그 참담했던 일제강점기에 한글맞춤법통일안을 처음으로 제정한 후에 55년이 지난 1988년에서야 딱 한 번 전면적으로 고쳤을 뿐입니다. 그때부터 '읍니다'를 '습니다'로 쓰게 되었지요.

현재 세계에는 약 7,000개 정도의 언어가 있다고 합니다. 그러나 고유의 말과 글을 가진 나라는 불과 몇 나라밖에 없습니다. 한글은 세계에 자랑해야 할 우리의 소중한 문화유산입니다. 그래서 훈민정음의 해설서인 국보 70호 '《훈민정음》 해례본'은 지난 1997년 유네스코 세계기록유산에 등록되기도 했습니다. 여러분, 혹시 그거 아세요? 우리글 훈민정음 24개의 자음과 모음으로 만들 수 있는 글자의 조합이 무려 11,172개나 된다는 것 말입니다. '뷁' 같은 요상한 글자도 만들어낼 수 있어요.

한글은 한 개의 글자가 하나의 소리를 내는 아주 발달된 소리 문자이지요. 그러므로 한글은 세계에서 가장 많은 발음을 표기할 수 있는 문자입니다. 세계의 언어학자들이 극찬할 수밖에 없지요. 그뿐만이 아닙니다. 우리는 컴퓨터 작업을 할 때 양손으로 자음과 모음을 동시에 쳐냅니다.

일본어? 중국어? 영어? 어림없습니다. 대한민국 사람은 어린아이까지도 누구나 쉽게 우리글을 사용하고 있습니다. 세종대왕님이 그렇게 하도록 했습니다. 누구나 쉽게 익혀서 편리하게 사용하기를 바란다고 했거든요. 그런데 모든 사람이 이렇게 우리의 말과 글을 자랑하면서도 바르게 쓰려고 크게 노력하지 않는 건 아이러니하게도 우리글이 너무 쉽기 때문입니다.

설사 조금 틀리게 써도 일상생활에서는 아무런 문제가 없으니까요. 우리가 영화 〈말모이〉를 통해 보았듯이 일제는 우리의 민족정신을 말살시키기 위해 온갖 방법을 다 썼습니다. 그런 가운데서도 '언어가 있어야 국가가 있다'는 신념 아래 우리의 말과 글을 지키고, 우리말 사전을 만들기 위해 목숨까지 바쳐가면서 노력한 학자들이 많습니다. 그렇게 지켜온 우리글 우리말인데, 왜 우리글은 그렇게 마구 사용하는지요?

가장 큰 문제는 우리가 늘 대하고 있는 TV나 인터넷 매체에서 틀린 글을 너무 자주 본다는 겁니다. 뉴스뿐만 아니라 오락프로그램까지도 문자 자막을 마구 남발하고 있는데 영상을 통한 시각적인 효과는 상상 그 이상입니다. 눈으로 보는 건 믿을 수밖에 없습니다. 틀린 것도 자주 보게 되면 내가 알고 있는 게 정말 틀린 게 아닐까 하고 의심하게 됩니다.

모든 국민이 모두 전문가가 될 필요는 없습니다. 그렇지만 방송국의 교열부 기자는 반드시 우리글을 전공한 사람이어야 합니다. 언론계에 종사하는 사람이나, 우리말 우리글로 작품 활동을 하는 시인이나 소설가들도 공부를 더 해야 합니다. 어법에 맞지 않는 글은 작품의 질과 품위를 떨어뜨립니다. 틀릴 수는 있습니다. 그러나 그게 자랑거리는 아닙니다. 부끄러운 겁니다. 띄어쓰기가 어렵다고요? 띄어쓰기 문제는 이론이 있을 수도 있겠지만 우리가 신문에서 보는 것처럼 뜻이 통할 정도의 띄어쓰기로 한다면 별문제가 없다고 봅니다.

《혼불》의 작가 최명희는 '모국어는 우리의 삶과 토양에서 우리의 생각과 느낌을 품고 길러 정신의 꽃으로 피워주는 씨앗이다'라고 했습니다. 한 나라 한 민족의 정체는 모국어에 담겨 있다고 했습니다. 그는 글을 쓰는 부담감 때문에 '쓰지 않고 사는 사람은 얼마나 좋을까? 때때로 나는 엎드려 울었다'라고도 했습니다.

소설가 최명희에 대한 유명한 일화 하나를 소개합니다. 겨우내 얼어붙었던 계곡물이 녹아 얼음장 밑을 흘러가는 소리를 표현하기 위해 그는 사흘 밤낮으로 계곡에 나가 물소리를 듣기도 하며 고심한 끝에 '소살소살'이란 의성어를 만들어냈다고 합니다. "소살소살 돌아온 봄의 밤 강물이여."

그는 17년 동안 《혼불》이란 대하소설 한 작품을 남기고 51세이 젊은 나이에 난소암으로 죽었습니다. 우리글은 결코 어렵지 않습니다. 틀리는 건 아무 문제가 안 됩니다. 그러나 바르게, 어법에 맞게 쓰려고 노력은 해야 합니다. 세종대왕 이전에는 우리 글자가 없었습니다.[*]

맞춤법을 무조건 어렵다고 할 것이 아니라 우리말과 우리글을 바르게 쓰려는 노력이 중요함을 일깨워주는 글이다. 그런 의미에서 맞춤법의 주요 원리를 철저히 이해해 보도록 하자.

맞춤법의 근본 원리를 찾아서

맞춤법의 최대 원리는 '원형 밝히기형태 음소 표기'이다. 원형 밝히기는 그 원리나 원인에 따라 크게 두 가지가 있다. 하나는 변동 규칙에 따른 원형 밝히기와 안 밝히기가 있고 또 하나는 어원과 의미 변화에 따른 원형 안 밝히기가 있다.

일반 사람들에게 이 두 가지가 그리 쉽지만은 않은 이유가 있다. 그것은 첫째, 입말과 글말의 성격이 다른 점에 익숙하지 않아서인데 이러한 점이 소리대로 적기와 원형 밝혀 적기를 혼동하는 경우로 나타난다. 이를테면 '깨끗이', '갑자기'의 경우, 둘 다 비슷한 어근깨끗, 갑

---

[*]　우리글이 너무 어렵다구요?_정윤영(www.facebook.com/jeongyunyeong: 2019.03.10.)

작에 똑같은 부사화 접미사 '-이'가 붙어 둘 다 '깨끄시', '갑짜기'로 발음하는데, 왜 앞엣것은 '깨끗이'로 적고 뒤엣것은 발음 나는 대로 '기'로 적는지 혼동될 수 있기 때문이다. 둘째는 언어 변화에 따른 갈등, 곧 어원을 밝혀 형태소를 밝혀 적을 것인가 아니면 변화를 인정하고 소리대로 적을 것인가 등이다. 이를테면 한글 맞춤법 제19항에 나오는 '굽도리'를 어원을 밝혀 '굽돌이'로 할 것인지가 문제가 된다.

변동 규칙으로 본 원형 밝히기

우리의 삶 자체가 복잡하고 다양한 만큼 그것을 담아내는 말과 글도 비슷한 양상을 띤다. 물론 복잡하고 다양한 삶이 일정한 규칙 속에서 질서정연하게 엮어지듯이 말과 글도 일정한 규범과 규칙 속에 말글 공동체를 이루게 된다. 우리가 그러한 규칙이나 원칙에 담겨 있는 원리를 이해한다면 83개 항의 규정들을 몇 개의 항목으로 간추려볼 수 있을 것이다. 그렇게 해서 우리는 맞춤법을 외워야 하는 대상이 아니라 이해하는 대상으로 받아들여 좀 더 편리하고 효율적인 말글살이를 해나갈 수 있다. 그러한 측면에서 한글 맞춤법 규정 제1항은 말글살이의 핵심 원리를 담고 있다고 볼 수 있다.

제1항 한글 맞춤법은 표준어를 소리대로 적되, 어법에 맞도록 함을 원칙으로 한다.

"소리대로 적되 어법에 맞도록 함"이라는 것은 소리 글자, 음소 문자로서의 특성과 음절 글자로서의 특성을 아울러 지닌 한글의 특성을 그대로 반영한 것이다. 곧 '소리대로'라는 것은 일상생활에서 되도록 발음 나는 대로 적자는 것이다. 여기에 담긴 뜻을 구체적으로 밝혀보면, 한 음소는 한 글자로 적으면서 음절의 경계를 글자에 맞춘다는 것이다. 이를테면 제5항에서 보는 바와 같이 '어깨'에서의 'ㄲ'이라는 음소를 '엇개'와 같이 'ㄱ - ㄱ'으로 나눠 적지 않으며, 하나의 음소인 'ㄲ' 또한 음절의 명확한 경계로서 '어 - 깨'로 표기한다는 것이다. 이러한 첫째 조건은 글은 말을 글자로 적어 나타낸 것이므로 말의 음운 형태를 그대로 표현해야 한다는 원리를 반영했다.

이 조항을 보면 맞춤법은 우선 표준어를 전제로 하고 있음을 알 수 있다. 그 때문에 표준어 규정을 함께 붙여놓은 것이고, '맞춤법 규정'이다 하면 으레 표준어 규정을 아울러 생각하게 되는 것이다. 또 표준어를 전제로 한다는 것은 맞춤법이 하나의 규범임을 보여준다. 이런 점에서 맞춤법은 문법과는 성격을 달리한다. 곧 문법은 표준어건 사투리건 모든 언어를 대상으로 하고 또 지키고 따라야 할 대상은 아니지만, 맞춤법은 표준어만을 대상으로 삼고 우리는 그 내용을 지키고 따라야 할 책임이 있는 것이다. 물론 문법에서의 여러 연구 결과가 맞춤법을 수용하는 것임은 두말할 필요도 없다. 따라서 우리는 도대체 표준어란 무엇이냐를 먼저 따져야 할 것이나 여기서는 맞춤법의 원리를 살피는 것이 목적이므로 그 점은 덮어두기로 한다.

다음으로는 "어법에 맞도록 함"이라는 규정이다. 이 부분은 한글을 무조건 소리 나는 대로 적을 경우에 생기는 불합리한 점을 바로잡기 위함이다. 곧 같은 뜻의 형태소나 낱말을 같은 형태로 고정함으로써 의미 전달을 쉽게 하여 글자 사용의 능률을 꾀하자는 것이다.

여기서 '어법'이라는 말은 문법에 따르되 여러 가지 문법적 예외를 수용해야 하는 맞춤법의 특성을 살려 폭넓은 개념으로서의 문법을 의미한다. 여기에 깔려 있는 기본 원칙은 하나의 형태소가 여러 변이 형태로 실현될 경우에 기본 형태 곧 원형을 밝혀 적는다는 뜻이다.

중요한 것은 어떤 때는 원형을 밝히고 어떤 때는 안 밝히느냐다. 실제 예를 통해 살펴보자.

① ㄱ. 옷이[오시], 옷을[오슬](맞춤법 규정 14항)

　 ㄴ. 먹어[머거], 웃어[우서](맞춤법 규정 15항)

　 ㄷ. 깊이[기피], 얼음[어름](맞춤법 규정 19항)

② ㄱ. 그어(긋+어), 이어(잇+어)(맞춤법 규정 17항)

　 ㄴ. 반짇고리(반질고리), 숟가락(술가락), 이튿날(이틀날)(맞춤법 규정 29항)

③ ㄱ. 먹이다[머기다, 메기다](맞춤법 규정 9항)

　 ㄴ. 한글[한글, 항글](표준어 발음법 6항, 7항)

음운 변동이 일어나는 두 가지 기준을 이해하는 것이 중요하다. 곧 말하는 이의 의도를 기준으로 삼느냐, 여러 낱말의 형태소 범위를 기준으로 삼느냐에 따라 변동 양상이 다르다. 말하는 이의 의도를 기준으로 보면 말하는 이의 의도와는 상관없이 반드시 바뀌는 필연적인 변동과 말하는 이의 의도에 따라 바뀔 수도 있고 바뀌지 않을 수도 있는 수의적인 변동이 있다. 이를테면 필연적 변동은 '먹는다→멍는다'와 같이 'ㄱ'이 'ㄴ' 앞에서는 반드시 'ㅇ'으로 바뀌는 것과 같이 일정한 조건하에서 'ㄱ, ㄷ, ㅂ'이 콧소리 앞에서 콧소리로 되기 반드시 일어나는 변동이다. 임의적 변동은 '한글 : 항글'과 같이 'ㄴ'이 'ㄱ' 위에서 ㅇ으로 바뀔 수도 있고 안 바뀔 수도 있는 것과 같은 변동이다.

형태소 적용 범위로 보면 어느 형태소에나 적용되는 보편적인 변동이 있고 일정한 범위의 형태소에만 적용되는 한정적인 변동이 있다. 보편적 변동은 위의 콧소리되기와 같이 어떤 형태소에도 두루다 적용되는 변동으로 일정한 조건에서 일정 음운은 어떤 경우에나 다른 음운으로 바뀐다. 한정적 변동은 일부 형태소에서만 변동이 일어나는 것으로 '잇다→이으니, 웃다→웃으니'에서처럼 'ㅅ'이 모음 앞에서 탈락되기도 하고 그대로 있기도 한다.

①의 경우에는 보편적, 필연적 변동의 보기다. 왜냐하면 '[ ]'으로의 변동이 일정한 조건에서 어느 형태소에나 일어나고보편적 또 말하는 이의 의도에 상관없이 누구에게나 일어나기필연적 때문이다. 곧 ① ㄱ은 체언에 조사가 결합된 경우이며, ① ㄴ은 어간에 어미가 결합된 보기이고, ① ㄷ은 어근에 접미사가 결합된 경우이다. 이런 경우에는 그 변동을 예측할 수 있고 기본 형태와 변동된 형태의 의미 동일성을 위해 기본 형태의 원형을 밝혀 적는다. 그것이 읽거나 쓰기의 능률을 위해 효율적이기 때문이다.

②는 필연적, 한정적 변동의 경우다. 왜냐하면 누구에게나 똑같이 발생_{필연적}하지만 일정한 범위의 형태소에만 일어나기_{한정적} 때문이다. 이를테면 ② ㄱ의 경우에는 어간의 끝 'ㅅ'이 모음으로 시작되는 어미 앞에서 준 것인데 '긋고, 긋다' 등에서는 줄지 않는다. 그런데 이처럼 원칙에서 벗어날 경우에는 표시를 직접 하지 않는 한 어떤 형태소에서 그런 변동이 발생할지 모른다. 따라서 이런 경우에는 변동이 되면 원형이 아니라 변동된 대로 적는다. ② ㄴ의 경우도 'ㄹ'이 'ㄷ'으로 바뀌는 현상을 규칙으로 정할 수 없으므로 변동된 대로 적는다.

③은 한정적, 수의적 변동의 경우이다. 개인마다 다를 수 있고 개인도 때에 따라 다를 수 있다. 이런 경우는 정해진 표준에 따를 수밖에 없게 된다. 곧 ③ ㄱ의 경우처럼 [머기다, 메기다]로 발음되는 것은 [머기다]를 표준 발음으로 삼고 원형을 밝혀 '먹이다'로 표기하게 된다. 이는 앞 음절의 'ㅏ, ㅓ, ㅗ, ㅜ' 모음이 뒤 음절의 전설모음인 'ㅣ'의 영향을 받아 'ㅐ, ㅔ, ㅚ, ㅟ'로 변하는 것은 원형이 표준 발음으로 인정되기 때문이다.

특정 규정을 통해 본 원형 밝히기

변동 규칙에 따른 원형 밝히기 문제가 무척 복잡하게 얽혀 있는 규정이 'ㅣ'모음 역행동화와 두음법칙 관련 규정이다. 혼동되는 맞춤법 중 핵심인 두 규정을 이용해 원형 밝히기 문제가 어떻게 구현되고 있는지 보기로 하자.

' ㅣ'모음 역행동화

' ㅣ'모음 역행동화란 후설모음 'ㅏ, ㅓ, ㅗ, ㅜ'가 뒤에 이어지는 전설모음 'ㅣ'에 동화되어 전설모음 'ㅐ, ㅔ, ㅚ, ㅟ'로 바뀌어 발음되는 현상을 말한다. 이와 관련된 표준어 규정의 핵심 예를 분류해보면 다음과 같다.

① 호랭이(×) / 호랑이(○), 멕이(×) / 먹이(○), 아지랭이(×) / 아지랑이(○)

② 신출나기(×) / 신출내기(○), 남비(×) / 냄비(○)

③ 미쟁이(×) / 미장이(○), 땜쟁이(×) / 땜장이(○), 중매쟁이(○)/ 중매장이(×)

④ 멋장이(×) / 멋쟁이(○), 담장이덩굴(×) / 담쟁이덩굴(○)

이러한 역행동화는 수의적 현상이다. 이를테면 '호랑이'의 경우 나이 든 노년층에서는 역행동화가 이루어진 /호랭이/로 발음하지만 젊은 층에서는 /호랑이/라 발음한다. 그런데 보통 발음이 굳어져 어원적 형태를 인식하지 못할 경우에는 바뀐 형태대로 표기하고, 원형이 유지된 경우에는 원형을 밝혀 적는 것이 맞춤법의 기본 원칙이다. 더군다나 'ㅣ'모음 역행동화인 경우는 수의적 현상이므로 ①과 같이 역행동화가 이루어지지 않은 형태를 표준으로 삼는다. 그러나 ②의 경우는 이미 굳어진 말을 표준으로 삼은 것이고, ③은 제조나 수리 기술자 등 장인을 나타내는 경우는 '-장이'로, ④처럼 직업이 아닌 사람을 뜻

하는 '멋쟁이'인 경우와 '담쟁이덩굴' 따위는 ' – 쟁이'로 하였다. 직업을
나타내는 경우 ' – 장이'로 한 것은 ' – 쟁이'로 할 경우 어감이 안 좋은
것을 고려한 것으로 보인다. 다만 '중매쟁이'는 전문 직업으로 인정하
지 않았으므로 일반 발음 현상에 따라 '중매쟁이'가 되었다.

두음 법칙

두음 법칙은 원형 밝히기 원칙을 안 지키는 대표적 규정 중 하나이
다. 규정의 핵심을 예를 들어 분류해보면 다음과 같다.

① 녀자(×) / 여자女子(○), 량심(×) / 양심良心(○), 로인(×) / 노인老人(○)

② 남여(×) / 남녀男女(○), 개양(×) / 개량改良(○), 연노(×) / 연로年老(○)

③ 이(×) / 리里(○), 연 / 년年(○)(몇 년)

④ ㄱ. 신녀성(×) / 신여성(○), 역리용(×) / 역이용逆利用(○), 열력학
(×) / 열역학熱力學(○), 상로인(×) / 상노인上老人(○)

ㄴ. 한국녀자대학(×) / 한국여자대학(○), 장미려관(×) / 장미여관
(○), 신입(×) / 신립申砬(○), 대한교연(×) / 대한교련(○)

ㄷ. 육백육십륙(×) / 육백육십육(○)

⑤ 나렬(×) / 나열(○), 백분률(×) / 백분율(○), 법율(×) / 법률(○)

– 맞춤법 규정 제5절 제10, 11, 12항

이 법칙은 어떤 형태소에서나보편적, 누구에게나필연적 일어나는 것이
므로 원형을 밝혀 적는 것이 원칙이다. 그러나 현실 발음과 언중의 관

습을 고려해 ①처럼 말머리에서 'ㄴ, ㄹ'을 'ㅇ, ㄴ'으로 저는디. 그러나 ②의 경우는 말머리가 아니므로 본음대로 적는다. 혼동되는 것은 나머지 것들이다. ③은 의존 명사로서 말머리지만 독립성이 없으므로 두음법칙을 적용하지 않았다. ④ 역시 두음법칙을 적용하지 않은 경우인데, ④ ㄱ은 접두사 신-, 역-, 열-, 상-가 붙은 경우이며, ④ ㄴ은 고유명사나 준말, ④ ㄷ은 십진법에 따른 숫자 표기의 경우이다. ⑤는 모음이나 'ㄴ'음 다음에 결합되는 한자음 '렬, 률'은 실제 발음에 따라 '열, 율'로 적는다. 이 항목에 해당하는 한자음은 '列, 烈, 劣, 律, 率, 慄' 등이 있다. 결국 위 10, 11, 12항의 규정은 철저히 현실 발음을 중요하게 여긴 것으로 해석할 수 있다.

일부에서는 우리도 영어처럼 맞춤법 대신 사전으로 대체하자는 주장이 있다. 일리 있는 주장이다. 그러나 영어는 자연발생적으로 생긴 알파벳이고 우리 한글은 인위적으로 만든 인공 문자이다. 따라서 각기 장단점이 있을 수밖에 없다. 로마자 알파벳은 원리 중심의 표준 표기 체계를 세울 수 없는 것이 장점이자 단점이다. 반대로 표준 체계를 갖추고 합리적인 문자 사용 규정을 정할 수 있는 것이 한글의 장점이자, 그 때문에 어렵게 느껴지는 것이 단점이기도 하다.

맞춤법을 문법 원리 측면에서 접근해보았지만, 일정 부분은 관습적이고 문화적이어서 이해 측면과는 거리가 있을 수 있다. 그러나 문법이건 규범이건 근본은 합리적인 언어생활에 있다. 합리적인 언어생활 면에서 어문 규정에 대해 체계적으로 이해할 필요가 있다.

4부

한글 가꾸기의 역사와 미래

ㅋ

세종대왕 이후 임금들은
훈민정음을 어떻게 사용했나?

세종 이후 임금들, 훈민정음을 어떻게 계승했을까?

세종은 한글을 반포한 지 4년 만에 안타깝게도 운명하고 말았다. 그렇다면 세종 이후 임금들은 한글을 어떻게 이어갔을까? 물론 모든 임금들이 똑같은 태도나 정책을 취할 수는 없었을 것이다. 세조, 성종처럼 적극적으로 이어간 임금도 있고, 연산군처럼 탄압한 임금도 있었다. 물론 연산군이 한글을 전면 탄압한 것은 아니었다. 굳이 네 분류로 나눈다면 이렇게 나눌 수 있다.

첫째 부류는 한글 정책을 적극적으로 펼친 임금들이다. 문종, 세조, 성종, 선조, 고종 등이 여기에 해당한다. 둘째 부류는 한글에 대한 특별한 정책을 펴지는 않았지만 한글 관련 사업을 이어간 임금들이다. 영조, 정조가 그렇다. 셋째 부류는 한글에 대한 부정적 정책을 편 이는 연산군이 유일하다. 넷째 부류는 여러 가지 정치적 상황으로 평가 자체가 어렵거나 존재감이 없는 임금들이다. 단종, 명종, 인조, 헌종, 철종 능이 그렇나.

넷째 분류는 언급할 필요가 없으므로 앞의 세 부류에 대해서만 맥락을 짚어보기로 하겠다.

적극적으로 한글 정책을 편 임금들

문종이 동궁 시절부터 한글 창제 과정에서 세종을 도와 중요한 역할을 했다는 것은 최만리 등 7인의 반대 상소에도 나온다. 다만 임금으로서는 어떤 역할을 했느냐가 중요한데 재위 기간이 매우 짧은 데다가 《문종실록》에는 문종 1451년문종 1년 12월부터 1452년문종 2년 1월까지 두 달간의 기록이 없어 사실 파악 자체가 어렵다. 다만 정음청을 운영했다는 것과 1452년문종 2년 4월에는 《동국정운》을 진사시의 시험 과목으로 정했다는 기록 등으로 보아 최소한 한글 정책을 이어갔음을 알 수 있다.

세조는 수양대군 시절에는 부왕의 명으로 훈민정음으로 지은 산문집 《석보상절》을 펴냈고, 임금이 되고 나서는 세종대왕이 지은 《월인천강지곡》을 자신이 지은 《석보상절》과 합친 《월인석보》를 펴냈다는 것만으로도 매우 중요한 업적을 남긴 셈이다. 왜냐하면 《월인석보》 앞머리에 훈민정음 보급에 결정적인 구실을 하는 '언해본'이 실려 있기 때문이다. 또 과거시험과 그 당시 최고의 대학인 성균관의 공부 과목에 '훈민정음'을 포함하여 훈민정음을 널리 알리고자 하였다. 더욱이 1461년세조 7년에는 간경도감이라는 관청을 세워 불경을 한글로 번역한 책을 간행함으로써 훈민정음을 널리 알리는 데에 크게 이바지하였다.

세종이 훈민정음을 창제하고 17년 뒤인 1460년세조 6년에 정책 기관인 예조에 훈민정음을 문과 시험 과목으로 채택하자고 건의한 일이 있었다. 사대부들은 세종대왕 사후 하급 관리 시험에서 훈민정음을 퇴출하였다. 하지만 세조는 세종대왕의 뜻을 이어받아 한글 보급 정책을 다시 추진하였다. 그 뒤 실생활에서 한글이 유용하게 쓰이자 한글 사용에 소극적이었던 사대부들도 한글을 모르면 불편하게 되었고, 한글의 실용성을 인정할 수밖에 없었다. 더 나아가 사대부들은 훈민정음을 정식 문과 시험 과목으로 채택하기를 청했다. 세종대왕 때에는 세종이 직접 훈민정음을 시험 과목으로 채택했지만, 세조 때에는 예조에서 자발적으로 훈민정음을 시험 과목으로 채택한 것이다. 더군다나 하급 관리를 선발하는 시험이 아닌 문과 시험 과목으로 채택했다. 이로써 훈민정음은 명실상부한 고급관리 시험과목으로 인정받게 되었다.

성종은《삼강행실열녀도》나《구급간이방》등 훈민정음으로 번역한 책을 백성들에게 직접 보급하는 등 한글 정책을 적극적으로 실천한 임금이다. 또 승정원에 한글로 공문서를 보내는 등 훈민정음 보급을 위해 앞장섰다. 그뿐 아니라 고려가요가 실린 조선 시대의 음악책인《악학궤범》을 훈민정음으로 펴내 언어생활에 많은 영향을 미쳤다.

성종이 《삼상행실도언해》를 시골 단위까지 보급한 일은 두 가지 큰 의미가 있다. 첫째는 세종은 반포 전부터 이 책을 한글로 번역하여 널리 퍼뜨리고 싶어 했으나 뜻을 못 이루었는데 성종 때 와서야 이루어진 것이다. 즉 세종의 언문 반포 의도를 잘 살린 정책이라는 것이다. 둘째는 행정 차원에서 가장 넓은 범위로 한글 문헌을 보급했다는 데에 의미가 있다.

이런 적극적인 한글 정책 덕분인지 1485년성종 16년에는 호조판서 이덕량에게 종로 시장 상인들의 한글 투서가 전해지는 사건이 일어났다. 영의정부터 판서까지 고위 관리들이 종로 도로 정비 사업을 핑계로 제 잇속을 챙기느라 백성들을 괴롭힌다는 내용이었다. 이덕량은 이를 곧바로 성종에게 보고했다. 이에 성종은 판내시부사 안중경과 한성부 평시서 제조 등을 보내 상인들의 요구사항을 듣게 했다. 이 사건을 보면 당시 하층민에 속한 상인들도 한글을 공적 도구로 사용할 정도로 한글이 널리 보급되었음을 알 수 있다.

선조는 세종대왕 때부터 시도했지만 실패했던 《논어언해》 등 사서 언해를 완성하였다. 임진왜란 중인 1593년에는 선조가 조선군들한테 보낸 비밀 편지방문와 같은 절박한 현실적인 문제에 훈민정음을 사용하여 훈민정음의 가치를 높였다. 그리고 여러 편의 친필 한글 편지를 남기기도 하였다.

고종은 국문 칙령으로 한글을 조선의 공식 문자로 선포하였다. 1894년고종 31에는 내각에 지시하고, 1895년에는 대한제국 칙령 제1호

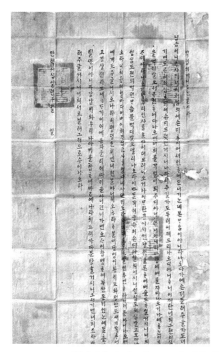

임금이 백성에게 이르는 글

너희가 왜놈들에게 휘둘려 다닌 것이
너희 본마음이 아닌 줄을 과인도 알
고 있다. 나오다가 왜놈들에게 붙들리
면 죽을 것으로 여기기도 하고, 도리
어 나라의 의심을 받을 것이 두렵기도
하여 왜놈들 속에 끼어들었던 것이다.
나라가 [너희를] 죽일까 두려워 여태
껏 나오지 않는구나. 이제는 의심하지
말고 서로 권하여 다 나오너라.
[나라가] 너희에게 따로 벌주지 아니
할 것이다. 그뿐만 아니라, 왜놈을 데
리고 나오거나, 나올 때 왜놈들이 하
는 일을 자세히 알아내거나, 붙잡혀
갇힌 조선인을 많이 구해 내거나 하
는 등의 공이 있으면 평민이든 천민이
든 가리지 않고 벼슬도 줄 것이다. 너
희는 더는 의심하지 말고 빨리 나오너
라. (후략)

만력 21년(1593년) 9월 ○일

임진왜란 때 선조가 포로들을 회유하는 포고문(권이도 개인 소장)

로 "법률, 명령은 다 국문으로 기본을 삼고 한문 번역을 첨부하며 혹
은 국한문을 섞어서 쓴다"라는 한글전용 대원칙에 관한 법령을 공포
한 것이다. 이 법령이 널리 시행되지는 못했지만 한글 반포 450년 만
에 비주류 공식 문자 한글이 주류 공식 문자로 인정받았다는 것은
커다란 의미가 있다.

지속적으로 한글 정책을 실천한 임금들

정조는 백성과의 소통을 위해 한글을 공문에 자주 사용하였다. 정조는 다른 임금들보다 더 많은 한글 윤음을 발표하고《오륜행실도》를 한글로 번역하여 펴냈지만 다른 임금과 다른 특별한 한글 사랑을 보여주지는 않았다. 1799년정조 23년에 규장각에서 펴낸 정조의 시문, 윤음, 교지 등을 모아 엮은 100책이나 되는 방대한《홍재전서》도 한문으로 되어 있다. 정조의 원손, 세손 시절의 한글 편지가 한글을 사랑했다던가 한글에 대한 무슨 특별한 의식이 있어 그런 것 같지는 않다. 오히려 정조는 문체반정으로 정통 한문 문체개혁에 신경을 썼지 한글 사용 확대하여 쉬운 문자로 지식을 보급하고 소통하는 정신은 거의 보여주지 않았다. 세종을 흠모했다던 정조의 결정적 한계인 셈이다.

물론 누구나가 인정하듯 정조의 개혁 정신과 그가 남긴 업적은 위대하다. 그럼에도 그런 그의 빛나는 업적은 그가 죽자 물거품처럼 사라지거나 대부분 퇴보했다. 그 원인을 흔히 정순왕후로 상징되는 수구 보수 세력의 재집권에 따른 그들의 전횡으로 본다. 그러나 그것은 오히려 이차적 원인이다. 일차적 원인은 정조가 한글에 담긴 세종의 정신을 제대로 살리지 못해서가 아닐까? 순수 정통 한문을 강조하는 문체반정이 아니라 세종의 한글 정신을 조금이라도 더 넓게 펴는 문체개혁을 했더라면 정조 사후에 퇴행적인 권력자가 아무리 잘못된 정책을 폈다 하더라도 그렇게까지 위대한 업적이 하루아침에 사라지는 역사의 후퇴가 일어나지는 않았을 것이다.

그 어떤 개혁도 지식과 책으로 소통이 이루어지지 않는 한 그 개혁의 가치를 널리 퍼뜨리거나 지속할 수 없기 때문이다. 정조가 원손, 세손 시절에 한글 편지로 소통하고자 했던 그 섬세하고 애틋한 마음으로 한글을 소중히 생각하고 좀 더 적극적으로 사용하지 않은 것이 안타까울 뿐이다.

정조는 심환지 대감에게 보낸 한문 비밀편지를 남겼는데 '뒤죽박죽'만 한글이다. 한자나 한문으로 옮길 수 없던 '뒤죽박죽'은 굳이 한문으로 옮기는 것이 불가능해서가 아니라 '뒤죽박죽'이라고 표현하고 싶은, 표현해야만 하는 민초들의 소통 욕망과 표현의 가치를 정조 같은 실사구시를 행했던 군주가 왜 한글에 대해서만은 소홀했을까 두고두고 아쉽다.

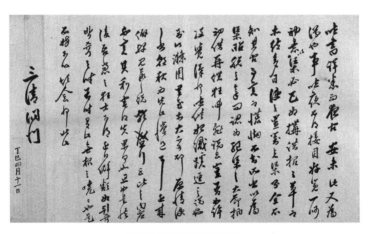

정조가 심환지에게 보낸 편지

연산군의 한글 탄압 정책을 어떻게 볼 것인가?

비록 연산군이 한글 탄압 정책을 폈다고는 하나 훈민정음으로 번역한 책은 제외했으니, 한글을 전면 탄압한 것은 아니었다.

1506년연산 12년에 세종대왕이 한글을 반포한 뒤 가장 큰 한글 탄압 사건이 벌어졌다. 연산군이 포악한 정치를 펼치자 백성들이 참지 못하고 한글로 왕의 비행을 적어 폭로했으니, 그 일에 분개한 연산군은 즉시 사대문 출입을 통제하고 한양 도성 안 사람들을 대상으로 한글을 쓰는 사람과 쓰지 않는 사람으로 구분하게 했다. 그리고 만약 한글을 쓰면서 신고하지 않는 사람, 그것을 알고도 고발하지 않는 사람을 엄히 다스리겠다는 방도 붙였다. 한글을 가르치지도 말고 배우지도 말며, 이미 배운 사람도 쓰지 못하게 한 것이다.

하지만 연산군이 한글을 탄압만 한 것은 아니었다. 1506년연산 12년 연산군은 양반과 천민을 구분 짓지 않고 여성 인재를 모집했다. 집권 초기 연산군은 한글을 사랑했지만 자신을 비방하는 한글 벽보가 붙자 한글을 사용하지 못하게 했던 것이다. 하지만 한글을 사용하지 못하게 하자 백성들뿐 아니라 연산군 자신도 불편을 느낄 수밖에 없었다. 자신의 말을 백성들에게 전달하기 어려웠던 것이다. 그로부터 1년 뒤 연산군은 각 관청에 양반과 천민을 구분하지 말고 한글을 아는 여성을 선발하라는 교지를 내리며 다시 한글 사용을 허락했다. 물론 이렇게 여성 인재를 뽑은 것은 '흥청망청'으로 알려진 국가 기생을 양성하기 위해서였지만 가부장적인 질서를 중요하게 여기던 조선 시대에 한글을 아는 여성을 나라의 인재로 뽑은 것은 굉장히 혁신적인 일이며, 한글의 힘을 다시금 깨닫게 하는 사건이 아닐 수 없다.

이렇듯 세종 이후의 임금들이 한 일을 보면, 문종과 세조는 훈민정음 보급의 기틀을 마련하는 데에 크게 이바지했고, 성종과 중종은 훈민정음 보급의 중흥기를 만들었으며, 연산군은 훈민정음을 전면적으로 탄압한 것이 아니라 자신을 비판하는 언론으로서의 훈민정음만 탄압한 것으로 보인다. 선조, 광해, 숙종 등은 성종, 중종 때의 보급 발전 정책을 유지 정착하는 데에 이바지했고, 영조, 정조 때는 숙종 때의 문화정책을 더욱 발전시켜 2차 중흥기를 이뤄냈다.

하지만 세종 이후 모든 임금이 기본적인 정책은 유지한 반면, 세종 수준이나 그 이상의 한글 정책을 편 임금은 없었다. 정조 같은 개혁 군주까지도 한글에 관한 문자 정책만큼은 보수적이었음을 알 수 있다. 이런 양면성은 있었지만 꾸준한 사용과 정책이 있었기에 한글을 주류 문자로 선언하는 고종의 국문 칙령이 나올 수 있었다.

ㅋ

ㅌ

일제강점기에 우리 말글을
어떻게 지켰나?

일제강점기의 우리 말글운동은 문화 독립운동

국어학자로서 2019년을 뜨겁게 물들인 엄유나 감독의 영화 〈말모이〉가 새삼 고맙다. 우리가 그동안 잘 모르고 지나쳤던 우리말 사전 편찬 과정과 일제강점기 때 한글을 지키기 위해 노력한 이들의 소중한 역사를 일깨워줬기 때문이다. 물론 영화니만큼 허구적 요소가 있기는 하지만 영화가 그려내고자 했던 소중한 뜻과 역사의 진정성은 충분히 드러내 주었다.

'말모이'는 '사전'이라는 한자어를 순우리말로 표현한 것으로 한글의 중시조라 불리는 주시경 선생이 1910년 무렵에 사용했던 말이다. 주시경 선생은 한자어 '자음, 모음'을 '닿소리, 홀소리'라고 할 정도로 오랫동안 한자어에 짓눌려 있던 순우리말을 되살리고자 노력한 분이다. 주시경 선생이 1914년 서른아홉의 젊은 나이로 갑자기 세상을 뜨면서 '말모이'라는 말이 사라지고, '사전'이라는 말로 다시 바뀌었지만 영화에서 그 말을 살려낸 셈이다. 영화는 1929년에 이극로 주도로 사전편찬회가 조직되면서 1942년에 일제에게 사전 원고를 빼앗기는 등 일제의 탄압에 대항해 목숨을 걸고 우리말 사전을 만들기 위해 헌신하다 온갖 고초를 겪은 '조선어학회 사건'을 다루고 있다.

1910년 8월 29일의 경술국치. 주시경은 이런 역사를 예감했는지 두 달 전인 6월 10일 《보중회보》라는 잡지에 〈한나라말〉이란 글을 남긴다. "말은 나라를 이루는 것인데 말이 오르면 나라도 오르고 말이 내리면 나라도 내리나니라"라는 감동적인 글귀로 널리 알려진 글이다. 말은 사람과 사람의 뜻을 이어주는 끈이므로 사람이 모여 사는 나라를 이루는 주요 도구이자 빛이라는 것이다. 글은 말을 담는 그릇이요, 글을 빛내야 말이 빛난다고 우리글, 곧 '한나라글'의 가치를 강조하고 있다. 한자와 한문은 우리말을 제대로 담을 수 없으니 한나라말을 담는 그릇이 될 수 없다는 전제가 깔려 있는 셈이다. 또 말의 근본은 소리이니 소리를 먼저 알아야 한다고 하였다. 마치 세종이 우리 말소리를 적을 수 없는 한자 모순 때문에 말소리가 그대로 드러나는 '훈민정음'을 만들었다는 맥락과 같다. 주시경을 한글의 중시조로 보는 이유는 이 글에서도 알 수 있다.

1910년 8월 29일에 나라가 망하고 일본어가 '국어'가 되고 일본의 가나 문자가 '국문'이 되니, 우리말과 우리글은 수난을 면치 못하게 되었다. 1905년의 을사늑약 이후 사실상 나라는 망한 셈이었다. 이러한 현실 속에서 한글운동의 선각자였던 주시경 선생은 우리 말글을 지키는 길만이 겨레를 지키는 길임을 믿고, 1907년부터 본격적으로 제자들을 가르치는 일에 힘을 쏟았다. 특히 애국지사를 기르는 구실을 하던 남대문 근처의 상동교회에서 전덕기 목사와 함께 인재 양성에 힘썼다. 여기서 주시경은 1907년 두 달 동안 1회 '하기 국어강습소'를 운영하였고, 1908년에는 2기 '하기 국어강습소'를 운영하였는데 8월 31일 졸업식 날 서울 봉원사연세대 뒤 안산에 위치에서 졸업식 겸 '국어연구학회'를 창립초대회장: 김정진하였다.

하지만 1910년의 경술국치로 조선의 '국어'는 일본어가 되어 '국어'라는 명칭을 사용할 수 없었으므로 '국어연구학회'는 조선언문회

조선어학회와 강습소 명칭의 변화 과정

연도	학회 명칭	강습소 명칭
1907		국어강습소
1908.08.31.	국어연구학회 창립	
1911	배달말글몬음(조선언문회)	조선어강습원
1913	한글모(한글모듬)	한글배곧
1914.07.27.	주시경 선생 운명	
1919	조선어연구회 조직	
1921	조선어연구회 확대	
1931	조선어학회	
1949	한글학회	

라는 뜻의 '배달말글몯음'으로 바뀌고 '국어강습소'는 '조선어강습원'이 된다. 1913년에는 학회 이름을 다시 '한글모' 또는 '한글모듬'이라 불렀고, 조선어강습원은 '한글배곧'이라 하였다. 1931년에는 조선어학회로 1949년에는 한글학회로 명칭을 바꾸었다.

주시경 선생이 1914년 7월 27일 타계한 뒤 1919년에는 주시경 선생의 제자인 이병기, 신명균, 정열모 등이 중심이 되어 조선어연구회를 조직하여 스승의 한글 사랑의 뜻을 이어갔다. 그리고 1921년에는 권덕규, 최현배, 신명균, 이병기 등이 발기인대회를 열고 조직을 확대했다. 1926년에는 '가갸날'한글날을 제정해 기념하고, 1927년부터는 동인지《한글》을 긴행하면서 한글 연구와 보급 운동에 더욱 힘을 쏟았으며, 1928년에는 '가갸날' 명칭을 '한글날'로 바꾸었다.

1929년에는 이른 나이에 외국 유학을 떠났던 이극로가 귀국하여 각계를 대표하는 108인의 뜻을 모아 '조선어사전편찬회'를 조직하여 간사장으로서 '조선말 큰사전' 편찬을 주도하였다. 조선어학회와는 별도 조직이었지만 조선어학회 내부 조직이나 다름없었다. 이때는 우리 손으로 만든 한글 맞춤법이 절실한 데다가 또 사전편찬을 위한 기초 작업으로 1933년 '한글맞춤법통일안'을 제정하고, 1936년에는 '조선어 표준말 모음'이 조선어학회 주도로 만들어졌다. 이후 사전편찬도 조선어학회가 맡게 되어 10여 년 동안 노력한 끝에 1942년에 사전 조판을 시작하였다.

1938년부터 본격적인 한민족 말살 정책을 펼치던 일제는 우리 말글 사용과 교육을 아예 금지했다. 1940년에는 일본식으로 성을 바꾸

조선어사전편찬회 발기인대회 모습(《동아일보》, 1929.11.02.)

는 '창씨개명', 1941년에는 수상하게 보이면 마구잡이로 잡아들일 수 있는 '조선사상예비범체포령'까지 발동하기에 이른다. 결국 일제는 1942년에 함흥 전진역에서 체포한 박병엽을 수사하던 중 그 조카 박영희가 쓴 일기 내용을 문제 삼아 박영희에게 국어를 가르치며 조선어학회 사전 편찬원으로 겸직하던 정태진을 잡아들이면서 33인을 옥에 가두는 조선어학회 사건을 일으켰다. 일제는 사전 원고를 빼앗고 회원들을 함흥 형무소에 가두고는 모질게 고문하여 이윤재, 한징 선생은 옥사하고 이극로, 최현배, 이희승, 정인승, 정태진 선생 등 나머지 분들은 광복을 맞은 후에야 풀려났다.

독립운동가들을 위해 무료 변론을 맡아 일제에 항거했던 애산 이 인 선생은 회고담에서 고문의 참혹상을 이렇게 전하고 있다.

형사들은 조서를 받다가 조금만 말이 엇갈리면 무조건 달려들어 마구 때리는데 한 번 맞고 나면 한 보름씩 말을 못 했다. 앞니 두 개가 빠지고 어금니는 온통 욱신거리고 흔들렸다. 몽둥이건 죽도건 손에 잡히는 대로 후려갈기니 양쪽 귀가 찢어졌다. 엄지손가락을 뒤로 젖히는 바람에 엄지와 검지 사이가 쭉 찢어져 이후 애산은 귀가 쪽박귀가 되고 손가락은 완전히 펴지 못하게 되었다. 더구나 견디기 어려웠던 것은 '아사가제'라는 것과 '비행기 태우기'였다. 사지를 묶은 사이로 목총을 가로질러 꿰 넣은 다음 목총 양 끝을 천장에 매달아 놓고 비틀거나 저며 들게 하는 것이 비행기 태우기이고, 두 다리를 뻗은 채 앉혀놓고 목총을 두 다리 사이에 넣어 비틀어대는 것이 '아사가제'라는 것인데, 더욱 괴로운 것이 아사가제로 평생 보행이 부자연스러울 만큼 다리가 상했던 것이다.

이극로는 1948년에 김구와 함께 남북협상 회의차 북쪽으로 갔다가 그곳에 남았다. 조선어학회는 1949년에 '한글학회'로 이름을 바꾸어 지금까지 활동을 이어오고 있다. 조선어학회 선열들의 이런 희생이 있었기에 광복 후 우리의 국어 교육도 다시 시작할 수 있었다. 빼앗겼던 조선어학회의 사전 원고는 다행히 1945년 9월 8일에 서울역 경성역에서 기적적으로 발견되어 1947년에 《조선말 큰사전》 1권이 나오고 1957년 사전 제목에서 '조선말'을 뺀 《큰사전》 6권이 완간된다.

조선어 표준어 뽑기 위원들(1935)

항일투쟁으로서의 한글운동

일제강점기 때의 한글운동의 성격과 흐름에 대해서는《동아일보》
사설에서 〈한글운동의 의의와 사명〉1927.10.27. 이란 제목 아래 역사적
맥락과 함께 세 가지로 명쾌하게 정리한 바 있다.

이 사설은 먼저 절대 권력의 한자와 한문학 속에서 한글이 나온
것도 기적이지만 그것을 보배로 인식하려는 차에 일본의 지배를 받
는 안타까운 역사를 지적하고 있다. 그래서 한글운동 자체가 정치
적 의의를 지녀 민족 소생력과 연관된 조선 민족운동의 일부로서 중

대한 구실을 하게 되었다고 밝히고 있다. 둘째는 민중교양운동 또는 문맹타파운동으로서의 가치를 들었다. 셋째는 조선 문화의 일부분으로 본 조선문의 발달로 한글 자체를 통일하고 개선해서 배우기 쉽게, 읽기 쉽게, 인쇄하기 쉽게 해놓았음을 밝히고 있다.

일제강점기 때의 한글운동의 핵심은 한글 보급과 지키기 운동, 우리말 사전 편찬, 한글맞춤법통일안 제정 등을 들 수 있다. 일제강점기 때의 한글운동의 핵심 영역은 조선어학회 주도로 이루어진 맞춤법 제정, 사전 편찬, 우리말 연구와 한글 교육 등이었다.

조선총독부는 조선을 강점하자 《보통학교용언문철자법》 등을 직접 주도하여 조선의 말과 글을 마음대로 조정하고 지배하려 하였다. 그 핵심은 받침을 제대로 적을 수 없는 일본어 특성에 맞게 발음 표기 위주로 제정한 것이다. 일본은 1911년 9월 1일에 공표한 '제1차 조선교육령'으로 일본 동화 정책을 가시화하였고, 1912년에 언문 철자법 역시 자신들의 편의에 맞게 발음 위주의 맞춤법을 제정하였다.

조선어학회의 어문 규범 제정은 이러한 일제의 간교한 술책을 저지하고 우리말과 우리글을 독립 정신의 중심에 놓이게 하였다는 데 그 의의가 있다. 조선어학회는 1930년 12월 13일부터 1933년 10월까지 만 3년 동안 433시간, 125차례 회의를 하고 연구하여 한글맞춤법통일안을 1933년 한글날에 반포하기에 이른다.

다음으로는 사전 편찬이다. 사전은 민족 언어의 보고이자 삶과 문화의 총체이므로 우리의 사전을 만드는 일 자체가 독립운동이었다. 1929년 10월 31일 조선어사전편찬회가 결성되고 사전 편찬을 발의해 이극로가 위원장에 선임되었다. 이극로는 사전편찬운동을 위해 좌우익 관계없이 108명의 발기인을 구성하였다.

1936년에 표준말 제정이 마무리되자 사전 편찬 작업에 속도를 가했다. 표준말 제정이 발표된 1936년은 무척 중요한 해다. 왜냐하면 이로부터 2년 후인 1938년 일제가 조선말 사용을 전면 금지하고 일본말만을 사용하게 하는 국어_일본말_ 상용 정책을 폈기 때문이다. 그래도 조선어학회 동지들은 일본의 감시망을 피해 1940년에 결국 조선어 사전 원고를 완성하고 만다. 하지만 1942년에 일제는 조선어학회 사건을 일으켜 조선어학회 핵심 일꾼을 모두 잡아들였다.

사전 편찬 작업에서 또 하나 중요한 것은 제작 과정에서 편찬위원뿐 아니라 전 국민의 참여를 유도하였다는 점이다. 즉, 범국민 운동이었던 셈이다. 1937년부터 본격적으로 이루어진 어휘 수집 단계에서 50명의 전문위원 외 사투리 수집을 위하여 중등학생과 소학교원 5천여 명을 동원하였다.

조선어학회에서는 1940년 3월 7일에 조선총독부 도서과에 조선어 사전 출판허가원을 제출하였고, 많은 부분 삭제와 정정을 조건으로 1940년 3월 12일에 조선총독부 도서과의 출판 허가를 받기에 이른다. 《동아일보》1940년 3월 자 보도자료에 따르면 "조선어학의 금자탑, 조선어 사전 출판 인가, 먼저 '가'자부터 칠권이 나온다"는 기사 내용으로 보아 7권으로 기획되었던 것으로 보인다. 1957년에 최종 완간이 6권이었으므로 얼추 기획대로 된 셈이었다. 그러나 1942년에 조선어학회 사건으로 사전 편찬 작업은 중단되고 말았고 원고는

언론사 간행 한글 보급 교재

지은이	발행일	제목	간행처
장지영(편집 겸 발행인)	1930.07.10.	한글원본	조선일보사
이윤재(발행인 송진우)	1933.07.01.	한글공부	동아일보사
방응모(편집 겸 발행인)	1934.06.22.	겉: 문자보급교재 속: 한글원본	조선일보사
방응모(편집 겸 발행인)	1936.12.13.	겉: 문자보급교재 속: 한글원본	조선일보사

일본에 뺏겼던 섯이다.

　다음은 언론 주도 한글 보급 운동에 주목할 필요가 있다. 조선어
학회가 맞춤법 제정과 우리말 연구 등으로 우리말과 우리글 교육의
바탕을 제공했다면 《동아일보》, 《조선일보》 등은 한글 보급 운동에
각종 기사와 실제 교재를 활용하는 강습회를 개최하여 크게 기여하
였다. 《동아일보》 교재는 이윤재, 《조선일보》 교재는 장지영이 주로
맡았고, 이들 역시 조선어학회의 핵심 인물이었다. 각종 강습회의
강사 또한 조선어학회 회원들이었으므로 일종의 상생 운동을 편 것
이었다.

헐버트와 조선어학회의 우리 말글운동 맥

일제강점기 때의 우리 말글운동의 역사를 파악하기 위해 '파란 눈의 한국혼'이라 불리는 헐버트Homer Bezaleel Hulbert 선생을 주목할 필요가 있다. 헐버트는 1886년에 한국 나이로 스물네 살에 육영공원 교사로 한국에 와 한국의 독립운동을 적극적으로 지원한 한국의 독립유공자기도 하다.

그는 한글의 우수성을 영어로 세계에 알렸는데 김동진 헐버트박사기념사업회장이 찾아낸 1889년 미국《뉴욕 트리뷴》에 기고한 글〈The Korean Language조선어〉에 따르면 "조선에는 모든 소리를 자신들이 창제한 고유의 글자로 표기할 수 있는 완벽한 문자가 존재한다"《동아일보》, 조종엽 기자고 하였다. 트리뷴지는 당시 구독자 수가 가장 많았던 신문이었으므로 꽤 널리 알린 셈이었다. 한국에 온 지 3년 만의 일이었다.

한글 사랑 정신이 조선인보다 더 컸던 그는 왜 조선은 쉽고도 과학적인, 세계에서 가장 우수한 글자를 만들어놓고도 지배층이나 지식인들이 제대로 활용하지 않고 무시하며 깔보느냐고 한탄하곤 했다. 1891년에는 우리나라 최초의 한글전용 인문 지리 교과서인《사민필지》를 펴냈다. 헐버트의 영향 때문인지는 모르지만 1894년에 고종은 한글을 한자보다 더 중요한 공식 문자로 선언했고, 1896년에는 미국에서 돌아온 서재필이 한글전용 신문인《독립신문》을 창간할 때 결정적인 역할을 했다. 그러나 안타깝게도 조선의 대다수 지식인, 지배층은 한글의 가치와 실용에 관한 그의 충고를 무시했다.

이런 척박한 현실 속에서 1910년 이후 '한글'이라는 새 용어가 만들어지면서 근대적 우리말 연구와 한글운동을 한 선각자가 한힌샘 주시경이다. 주시경은 상동 교회를 중심으로 조선어강습소를 열어 많은 인재를 양성했다. 이 강습소를 같은 해1913년 같은 날 졸업한 수제자가 김두봉과 최현배다.

김두봉은 스승의 문법을 좀 더 발전시켜《조선말본》을 펴내기도 했지만 1919년 3·1운동에 참여한 뒤 중국 만주로 망명하여 무장독립운동에 매진하였고 해방 이후에는 북한으로 가 북한의 한글전용 정책을 이끌게 된다. 1922년에 쓴《깁더조선말본》머리말을 보면 김두봉이 주시경의 뜻을 이어가려고 얼마나 애썼는지 알 수 있다.

이때는 만주에서 무장독립운동을 하던 때였으므로 저술, 인쇄, 출판 모두 극도로 힘들었을 때다. 그래서 김두봉은 조선 시대처럼 종이를 아끼고 조판 시간을 줄이기 위해 머리말을 띄어쓰기도 안 하고 펴냈던 것이다.

일제하에서 주시경의 문법 연구와 한글 운동을 끊임없이 발전시켜 나간 이는 최현배다. 외솔은《우리말본》으로 근대 한국의 문법 체계를 완성하여 오늘날 학교 문법의 토대를 마련했고,《한글갈》로써 한글과 우리말의 역사를 바로 세웠다. 더욱 큰 업적은 1933년의 한글 맞춤법 제정에 핵심 역할을 했을 뿐 아니라 오늘날 한글전용 바람을 일으킨 주인공이다.

1929년부터 저술하기 시작하여 1937년에 완간된《우리말본》의 꼬

《깁더조선말본》 영인본 머리말(부분)

《깁더조선말본》 머리말
(현대 맞춤법 적용)

길이 없기어든 가지 못하리요마는 그 말미암을 땅이 어디며 본(문법)이 없기
어든 말이야 못하리요마는 그 말미암을 바가 무엇이뇨. 이러하므로 가기에
는 반듯이 길이 있고 말에는 반듯이 본이 있게 되는 것이로다. 그러나 나는
이 말본을 이렇게 빠르게 만들라고는 아니 하였고 다만 말모이 만들기에만
열을 바치었더니 슬프다 꿈도 생각도 밖에 지난여름에 우리 한힌샘 스승님
이 돌아가시고 이답지 못한 사람이 이 말본까지 짓기에 이르렀도다.
스승님이 계실 때에 이미 박아낸 조선말글본이 있었으나 이는 지은 지 너무
오랜 것이므로 늘 고치어 만들려다가 가르치시는 일에 너무 바빠서 마침
내 이루지 못하시고 돌아가시었으므로 이제 말본이 매우 아쉬울뿐더러 더욱
우리 한글배곧 어른 솔벗메(남형우)와 한글모 임자 한샘이 이 말본 빨리 만
들기를 여러 번 말씀하시므로 이에 작은 힘을 돌아보지 아니하고 이를 만들
었거니와 이로써 스승님의 여시던 길을 넉넉히 더 열었다 함이 아니오, 다만
그 길이 묻히지나 아니하게 하고자 힘자라는 데까지는 조금 조금씩이라도
더 열어가면서 이다음에 참 훌륭한 사람이 나시기를 기다리는 뜻이로다.

리말_{발문}을 보면 과학적인 우리말본을 일으켜 말글얼의 뿌리를 굳건히 하고자 했던 외솔 최현배 선생의 노력을 읽을 수 있다.

나의 《우리말본》이 이에 한 권의 책으로까지 다 됨에 이르렀다. 돌아보건대, 내가 조선말의 말본을 배우기 비롯한 지 스물일곱 해만이요, 이 책을 짓기 비롯한 지 열일곱 해만이요, 박기를 시작한 지 한 해 반만이다. 그간에 나의 인간으로서의 행로가 그리 평탄하지 못하였다. 바람이 불거나 비가 오거나, 세상이 어지럽거나 일신이 편치 않더니, 오직 꼿꼿한 한 생각이 다만 이 일을 다 이루지 못할가를 근심할 뿐이러니, 이에 오늘의 다됨으로써 나의 반생의 의무를 짐 부리게 되었으니, 스스로 안심과 기쁨과 감사의 정을 막을 수 없는 바가 있다.

도리켜 생각하건대, 변변치 못한 이론과 지즐한 소리가 너무도 길어져서, 이렇듯 커다란 책이 되고 보니, 도리어, 읽는 이를 괴롭게 함이 많겠음이 죄송스럽다. 그러나 이는 다만 조선말과 조선 문화를 사랑하는 충정에서 나온 것이요, 그저 커다란 책 한 권을 만들기 위하여 벌려 놓은 것이 아님을 살펴 용서하시기를 바란다.

나의 평생의 골몰한 소원은 이 책이 됨에 끝난 것이 아니라, 나아가, 이 책이 조선말, 조선글의 끝없는 발달에 한 줌의 거름이 되게 함에 있나니, 이는 나의 남은 반생의 할 일이다.

—1936년 12월 31일

이런 흐름이 있었기에 1910년에 주시경, 김두봉 등이 시작한 말모

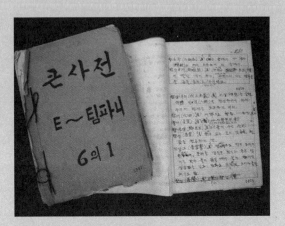

《큰사전》원고

완간된 《큰사전》여섯 권

이 편찬 작업은 1929년에 이극로, 최현배 등 조선어학회의 노력으로 이어졌고 해방 후 1947년에 《큰사전》이 나오는 감격을 맛볼 수 있었다. 머리말에서는 그 감동을 이렇게 전하고 있다.

> 말은 사람의 특징이요, 겨레의 보람이요, 문화의 표상이다. 조선말은 우리 겨레가 반만년 역사적 생활에서 문화 활동의 말미암던 길이요, 연장이요, 또 그 결과이다. 그 낱낱의 말은 다 우리의 무수한 조상들이 잇고 이어 보태고 다듬어서 우리에게 물려준 거룩한 보배이다. 그러므로 우리말은 곧 우리 겨레가 가진 정신적 및 물질적 재산의 총 목록이라 할 수 있으니, 우리는 이 말을 떠나서는 하루 한 때라도 살 수 없는 것이다.

경술국치 바로 전 "말이 오르면 나라가 오르고 말이 내리면 나라가 내리나니라"는 주시경의 이 말은 일제강점기 한글운동의 이념이 되었고 우리 말글의 희망을 가꾸는 자양분이 되었다. 주시경은 서른아홉 이른 나이에 세상을 떠났지만 그의 우리 말글, 얼말글 정신은 제자들을 중심으로 면면히 이어져 문화 독립운동의 맥이 되었다. 조선어연구회, 조선어학회로 이어지는 일제강점기 한글운동, 국어운동은 1932년 "한글이 목숨"이라고 외친 외솔 최현배의 말처럼 우리 문화와 독립운동의 목숨과도 같은 것이었다.

Ⅱ

광복 후에 우리 말글은 어떻게 발전했나?

국권 회복 차원의 한글 운동기(1945~1960): 우리말도로찾기운동

33인이나 구속되었던 조선어학회 사건으로 두 명이 옥사하고 핵심 인사들은 해방 후 풀려났다. 조선어학회는 1948년에 이극로가 월북하면서 1949년에 한글학회로 이름이 바뀌었지만, 한글운동의 주체로서 중요한 역할을 하였다. 비록 미군정기로서 우리가 국권의 실질적 주체는 아니었지만, 미군정 당국은 우리말 회복 운동의 주체로 조선어학회 인사들을 중용하여 최현배, 장지영 등이 핵심 역할을 하게 되었다.

조선어학회의 우리말도로찾기운동은 문교부의 국어정화정책으로 전환 추진되었고 그 과정에서 최현배, 장지영의 역할은 매우 컸다. 최현배는 《한글》 지에 실린 '인사하는 말'《한글》 95, 1946, 29쪽에서 "이제 우리 조선 겨레는 제가 가진 온갖 재주와 능력을 마음껏 부리어서, 우리말을 갈고 다듬어서, 훌륭한 말을 만들 것이요, 또 나아가아 이 말과 이 글로써, 영원 발달할 조선의 새 문화를 세우지 아니하면 안 된다"라고 하였다. 이렇듯 우리말 다듬기가 조선의 새로운 문화 건설의 핵심임을 설파하였다.

일제강점기의 피해와 영향은 매우 컸다. 일제는 1938년 이후로는 조선말 교육 자체를 금지하였고 일본 동화정책으로 말미암은 피해는 매우 심각했다. 해방 공간에서 이루어진 '11가지 하지 말자' 운동 가운데 대부분은 우리 삶 속 깊숙이 스며든 일본 잔재를 몰아내자는 것이었다. 이응호1974, 48쪽에 따르면, "1. 일본말을 하지 말자. 1. 일본식 이름을 부르지 말자. 1. 일본 노래를 부르지 말자. 1. 일본 사람 물건을 사지 말자. 1. 일본 인형이나 노리개를 갖지 말자" 등 다섯 가지나 되었다. 따라서 미군정기인 1946년에 정부는 '우리말 정화'에 대한 방침을 세우고 우리 사회에서 흔히 쓰는 일본어 대신 쓸 우리말 목록을 만들도록 하였다. 그래서 나온 것이 문교부의 《우리말 도로찾기》이다. 이 책 머리말에서는 일본 잔재 없애기의 전략을 네 가지로 정리하고 있다.

① 우리말이 있는데 일본말을 쓰는 것은 일본말을 버리고 우리말을 쓴다.

② 우리말이 없고 일본말을 쓰는 것은, 우리 옛말에라도 찾아보아 비슷한 것이 있으면, 이를 끌어다가 그 뜻을 새로 작정하고 쓰기로 한다.

③ 옛말도 찾아낼 수 없는 말이 일본어로 씌어온 것은, 다른 말에서 비슷한 것을 얻어가지고 새 말을 만들어, 그 뜻을 작정하고 쓰기로 한다.

④ 한자로 된 말을 쓰는 경우에도, 일본식 한자어를 버리고 우리가 전부터 써오던 한자어로 쓰기로 한다.

이처럼 '우리말 도로 찾기'는 민족어의 회복, 언어 주체성 확립, 문화의 독립 등을 목표로 한 것이었다. 《우리말 도로 찾기》는 이런 운동의 구심점 역할을 하였고 943개의 일본식 용어에 대해 대체어를 제시하였다.

장지영과 최현배는 문교부 편수국 국장과 부국장으로 재직함과 동시에 학회 이사로서 한글운동을 주도하였다. 이런 흐름 속에서 조선어학회는 각계의 우리말도로찾기운동을 지도하거나 자문 역할을 하면서 운동을 전개하였다. 대표적인 경우가 체육 분야 용어의 재정비였다.

제정 취지 : 1945년 8월 15일, 조선이 해방되자 본 연맹은 체조 구령법과 체조 용어를 시급히 우리말로 제정할 필요를 통감하야 해방 직후인 8월 17일 우제정위원회를 설치하고 위원을 선출하야 수차 심의를 거듭한 결과 원안을 작성한 후 조선어학회의 수정을 얻어 다음과 같이 발표하였다.

체조 구령법과 용어

체조 구령법(口令法)		체조 용어(體操用語)	
국어(國語)	일어(日語)	국어(國語)	일어(日語)
차려	気ヲ着ケ	가슴	胸
쉬어	休メ	다리	下肢
오른편으로 돌아	右向ヶ右	발	足
왼편으로 돌아	左向ヶ左	발목	足先
뒤로 돌아	廻ハレ右	고개	頭
걸음 높여	歩調取レ	어깨	肩
걸음 낮춰	歩調止メ	허리	腰
뛰어	駆ヶ歩進メ	배	腹
바로	直レ	위로	上方
모여	集レ	아래	下
해산	解散	다시	元ヘ
경례	敬礼	일, 이	一, 二

제정 취지에 조선어학회의 도움으로 목록이 수정 작성되었음을 밝히고 있다.

이런 식의 활동은 매우 긍정적인 운동 양상을 보여주었다. 각계 전문가와 국어 전문가가 연합하여 각 분야의 전문성을 기반으로 대중을 주체성 차원에서 복원했기 때문이다. 물론 반발도 만만치 않았다. 특히 국어 술어 용어에 대해 서울대 문리대 교수 이숭녕은 '말소리갈'과 같은 최현배식 문법 용어 사용은 억지라고 다음과 같이 반박하였다.

> 해방 이전에 조선어가 일본어의 침식을 당한 것은 당연하다. 그런 것을 조선어로 바로 잡으면 지당하다. 그러나 조선어로 되어 있는 게 한자 기원의 말까지 '풀어짖기'로 고 리듬과 어감이 맞지 않는 옛말 비슷한 것은 국어의 아순雅純을 죽이는 것이다. 예를 들면 음성학은 조선말로 음성학이라 할 것이지 이것을 '말소리갈'이라고 고쳐야만 될 이유가 어디 있는가. 이러한 것은 문학자에게 결정의 헤게모니를 주어야 한다. 나도 조선어학도이지만 요새 조선의 학자가 옛 지식이 많다고 술어 제정의 헤게모니를 잡어서는 아니 된다.
>
> — 이숭녕, 〈국어 술어제정에 물의 일부 교수진서 반대 궐기〉(《경향신문》, 1949.04.25.)

이희승 또한 1947년 11월 출판한 《조선어학논고》에서 "첫째, 신어는 대부분 기성어와 아무런 관련이 없는 의식적 강작强作적 인조어이므로 생존권을 획득할 수 없다. 둘째, 기성어와 관련이 있다 하더라도 일개인의 해석으로 강작한 것이어서 대중의 언어 심리의 공명을 얻지 못한다. 셋째, 언어의 생멸 소장은 자연의 이법에 의하여 되는 것이요, 결코 인위적으로 좌우하지 못하는 것이다. 넷째, 이미 기성어가 있는데 동일한 뜻을 가진 신어를 만드는 일은 배우는 이로 하여금 이중의 노력을 과하게 한다"104~105쪽라고 비판하였다. 이러한 이숭녕과 이희승 등의 비판은 주시경식 한글운동에 대한 정면 비판이었다.

우리말 도로 찾기 순화 결과 분석

유형	어휘 수	비율(%)
1. 순화가 된 경우	808	85.7
2. 순화가 되지 않고 순화 대상어와 대체어를 둘 다 쓰는 경우	13	1.4
3. 순화가 됐지만, 일본어 한자어에서 한자가 살아남아 대체어와 함께 쓰는 경우	308	32.7
4. 한자만 쓰는 경우	62	6.6
5. 순화 대상어와 대체어가 둘 다 쓰지 않는 경우	59	6.2
6. 순화에 실패한 경우	1	0.1

《우리말 도로 찾기》의 운동 성과를 정재환2013은 《한글의 시대를 열다: 해방 후 한글학회 활동 연구》221~224쪽에서 오늘날의 시각으로 평가하였다. 곧 문교부의 《우리말 도로 찾기》에는 순화 대상어 943개의 대체어를 2012년 현재 《표준국어대사전》 어휘와 비교하여 위 표와 같은 결과를 얻었다. 그리고 이러한 분석을 바탕으로 정재환2013은 다음과 같이 평가하였다.

우리말도로찾기운동이 거둔 성과는 결코 적지 않았다. 아직 새 나라가 서지는 않았지만 수도 이름을 서울로 되돌렸고, 조선성명복구령을 통해 창씨개명의 치욕도 씻었다. 우리말 도로 찾기를 통해 식민 지배의 상징이었던 일본말과 일본식 용어를 폐지하고자 노력함으로써 일제 청산이라는 민족적 과제 해결의 목표를 제시했으며, 우리말 도로 찾기라는 하나의 목표 아래 언중들을 결집시킴으로써 사회 통합에도 기여했다.

우리말노도찾기운동이 시작되고 분과 3년 동안에 우리말 교과서 편찬, 새 학술 용어의 정비, 《우리말 도로 찾기》 발행 등등 많은 성과를 냈으며, 우리말 도로 찾기는 2012년 현재 98.5%의 성공률을 기록했다. 1960년대에도 학회는 어려운 한자말과 외래어 등을 쉬운 우리말로 다듬는 사업을 계속하여 그 결실로서 1967년 1월 30일 《쉬운 말 사전》을 펴냈으며, 그 후로도 우리말도로찾기운동의 정신은 후대에 계승되어 국어 순화 운동의 형태로 학회, 정부, 언중의 공감 속에서 펼쳐지고 있다.

— 《한글의 시대를 열다: 해방 후 한글학회 활동 연구》, 223쪽.

광복 후 한글운동 또는 국어운동의 전개는 훈민정음 반포 정신을 살리고 한자 문화에 짓눌리고 일제가 파괴한 우리말을 복원하는 것이었다. 국권 회복 차원의 한글운동기는 우리말도로찾기운동으로 한글학회와 민간단체, 교육부 등 정부가 함께 힘을 모아 어느 정도 성과를 거두기는 했지만 현재까지도 일제 잔재어를 논의할 만큼 충분한 성과를 거둔 것은 아니었다.

한글전용 중심 운동기(1960~1969)

한글전용 정신은 한글 글자를 한자보다 크게 하여 펴낸 세종의 《월인천강지곡》에서 비롯되었고 조선 시대 내내 한글전용 가사, 편지, 소설 등을 활용해 지속적으로 구현되어왔다. 그러나 일제강점기를 거치면서 그러한 정신은 일부 후퇴하였다. 1988년에 와서야 한글전용 신문인《한겨레신문》이 나왔으니 말이다. 1896년의《독립신문》의 정신은 제대로 계승 발전되지 못하고 92년이 지나서야 그 정신이 구현되었던 반면 북한은 1949년부터 한글전용을 실시하였다.

1948년 10월 9일에 한글전용법이 공포되었다. 이는 한글학회 100년사에 따르면, 1948년 5월 31일부터 제헌 의원 200명이 겨레의 자유와 복리를 영원히 누릴 나라의 기본법인 헌법 제정 작업을 시작하면서 조선어학회를 비롯하여 전국 각처에서 '헌법은 한글로 써서 공포하라'는 건의서를 내는 운동에 따라 촉진된 것이다.

> 한글전용에 관한 법률안: 대한민국의 공용문서는 한글로 쓴다.
> 다만 필요한 때에는 한자를 협서脇書할 수 있다.
> 부칙: 본법은 공포한 날부터 시행한다.

그러나 이런 법률에 상관없이 국한문 혼용문이 공용문서의 주요 양식으로 자리 잡을 정도로 한글전용 정신은 후퇴하였다. 같은 해 7월 17일에 제정 공포된 대한민국 헌법은 한글과 국한문 두 정본으로 작성하였다. 마치 1894년에 고종이 국문 칙령을 선포했을 때처럼 50년이 지나서도 똑같이 반복되었던 것이다.

1960년대의 한글전용 정책과 운동은 가까이는 해방 직후 조선어학회의 노력에 힘입은 것이다. 조선어학회는 1945년 10월 중순에 숙

명고녀에 모여 장지영을 위원장으로 하는 한자폐지실행회발기준비 회이하 준비회를 설립하였다. 모임에 참가한 준비위원은 30명으로 토론을 거쳐 '민족 문화의 기초인 우리말의 발전'을 위해 노력할 것을 결의하고 다음과 같은 강령과 실행 조건을 발표하였다.

- 강령
  一. 우리는 삼천만 동포 하나하나가 눈뜬 봉사가 없게 하자
  一. 우리는 우리말과 우리 글로 새 문화를 건설하자
  一. 우리는 우리말과 우리글이 세계문화를 지도하는 데까지 이르도록 힘쓰자
- 실행 조건
  一. 초등교육에서 한자를 뺄 것(다만 중등교육 이상에서 한자를 가르치어 동양고전연구의 길을 열기로 할 것)
  一. 일상생활문에 한자를 섞지 아니할 것 다만 취미에 따라서 순한문을 쓰는 것은 개인 자유에 맡길 것
  一. 신문 잡지는 그 어느 면 무슨 기사임을 물론하고 한자를 아니 섞을 것
  一. 편지 겉봉, 명함, 문패도 모두 한글을 쓸 것
  一. 동서고금의 모든 서적을 속히 한글로 번역할 것
  ― 〈한자폐지실행회발기준비회 결성〉, 《매일신보》, 1945.10.16.
  (국사편찬위원회 한국사 데이터베이스, 《자료 대한민국사》 1권 재인용)

한글교양

그리고 한글학회는 1958년에 한글전용에 관한 성명을 발표하면서 한글전용운동 정신을 더욱 드높이고자 하였다.

한글전용에 관한 성명서(1956.10.28.)

한글은 쉽고 가장 편리한 과학스런 글자로서, 세종대왕이 배달겨레의 문화의 독립과 생활의 발전을 위하여, 무한한 고심으로써 지어내어 준 것이어늘, 시대가 너무도 일렀고, 또 국민의 각성이 지극히 늦어서, 오로지 한자 · 한학에만 심취하고, 한글을 등한히 버리어 돌아보지 아니한 지 400여 년에, 대중의 무식과 가난이 갈수록 더하고, 나라의 쇠퇴와 암흑이 갈수록 심하여, 드디어 국권을 잃고 다른 겨레의 노예가 되어 갖은 고초와 압박을 당하였던 것이다.

8 · 15해방으로 잃었던 조국을 도로 찾아, 국가 생활의 백방 경륜을 차릴 새, 국회에서는 한글전용법을 통과시키고, 정부는 이를 공포하여, 방금 이를 시행하고 있음은 온 국민이 다 아는 바이다.

그러나 광복 및 재건의 모든 사업이 다 미완성의 상태에 있음과 같이, 한글의 국자로서의 확립도 완성의 지경에 이르기에는 아직도 까맣게 멀어 있다. (중략) 근자에 와서 이 대통령은 거듭 한글만 쓰기로 하여야만 우리나라의 민주주의가 발전하여 나라가 잘되어가고, 백성이 잘살 수 있겠음을 강조하고, 특히 언론계에서 신문을 한글로만 찍어내도록 권고하였고, 또 최규남 문교부 장관은 전국 각 학교에 통첩을 보내어, 모든 학교의 기록과 교육에 한글을 전용하기를 지시하였으니, 이는 참 반갑

고 기쁘고 고마운 일로서, 온 국민이 크게 환영하지 아니하면 안 될 것이라고 생각한다. (중략)

한글전용의 일은 국회나, 정부나 또 어떤 정당의 일이 아니요, 국가적 민족적 대사업이니만큼, 누구에게 미루고 누구에게 맡길 것이 아니라, 어떤 개인이거나 어떤 언론 기관이거나 다 같이 떨치고 일어나서, 이 일의 성취를 위하여 협력하지 아니하면 안 된다. 협력은 인간 사회의 최강의 역량이다. 협력이 아니고는 인간의 모든 일은 하나도 될 수 없다. 온갖 좋은 일은 다 협력으로만 이루어지는 것임을 우리는 명념하여야 한다. (중략)

한글 반포 오백십 주년이 지난 이제, 늦기는 늦었으나마 **국회와 정부가 한가지로 한글만 쓰기를 장려하고 있는 이때에, 이 나라의 주인인 국민 전체, 특히 언론인과 교육자들이 용맹 과감하게 낡은 껍질을 벗어버리고 일치 협력으로써 탄탄한 생명의 길로 막 달아나기를 바라마지아니하오니, 이리하는 것만이 우리**의 자손을 영구한 자유와 무궁한 행복으로 인도함이 되는 것이다.

— 《한글학회 100년사》, 673쪽 재인용

1958년 11월 4일 한글학회는 '한글전용 적극 추진 방안'을 담은 건의서를 대통령과 국회에 제출하였고, 그 성과로 이승만 대통령 지시로 다음과 같은 실천 요강이 나왔다.

한글전용 실천 요강(국무원 사무처, 1957.12.29.)

1. 공문서는 반드시 한글로 쓴다. 그러나 한글만으로써 알아보기 어려운 말에는 괄호를 치고 한자를 써넣는다.
2. 각 기관에서 발행하는 간행물은 반드시 한글로 한다.
3. 각 기관의 현판과 청 내 각종 표지는 모두 한글로 고쳐 붙인다. 특히 필요한 경우에 한하여 한자나 다른 외국어로 쓴 현판 표지를 같이 붙일 수 있으되, 반드시 한글로 쓴 것보다 아래로 한다.
4. 사무용 각종 인쇄 및 등사물도 한글로 한다.
5. 각 기관에서 사용하는 관인, 기타 사무용 각종 인은 한글로 하고 이에 필요한 경비는 각 부에서 부담한다. 관인 조처의 상세한 것은 따로 정한다.
6. 각 관공서는 그 소할 감독 밑에 있는 시사 단체에 대하여서도 위의 각 항목에 따르도록 권한다.

1961년에 군사 쿠데타가 일어나고 1961년 6월 10일에 한글학회 이사회 결의로 한글전용에 대한 건의서를 국가 재건 최고 회의에 제출하여 12월 초에 이르러서는 "한글전용에 관한 법률을 강화하여, 1962년 3월부터 신문·잡지, 그 밖의 모든 간행물에 한글을 전용하도록 하겠다"라고 발표하였다. 이에 문교부는 1962년에 한글전용을 실시할 목적으로 '한글전용 특별 심의회'를 설치하여 일반 용어, 언어 문학, 법률 제도, 경제 금융, 예술, 과학 기술의 6개 분과 위원회를 두어 한자어로 된 용어를 쉬운 우리말로 바꾸는 작업을 추진하였다. 또 싱부는 '힌글전용 축진 7개 사항'을 내각에 지시하고 '한글전용 연구 위원회'를 구성하기에 이른다.

이런 흐름에 힘입어 1965년에는 한글전용에 관한 법률 개정안_{총무}처, 1965.11.28.을 공포하였다.

한글전용에 관한 법률 개정안(총무처, 1965.11.28.)

제1조(목적) 이 법령은 **한글을 전용하기 위한** 절차를 규정함을 목적으로 한다.

제2조(용어의 정의) 이 법에서 사용하는 용어의 정의는 다음과 같다.

① 한글이라 함은 한글 · 아라비아숫자 및 국제적으로 널리 쓰이는 기호, 또는 부호를 말한다.

② 문서라 함은 공용 문서 · 민원 문서 · 신문 · 잡지 · 출판물, 기타 글자로써 표시하는 모든 것을 말한다.

제3조(적용) ① **우리나라에서의 모든 문서는 한글을 풀어서 가로쓴다.**

㈎ 학술적인 연구를 위할 때

㈏ 우리나라 이외의 말을 쓸 때

② 전 항의 시행은 1970년 10월 9일부터 실시한다.

㈎ 한글을 모아서 가로쓰기는 1966년 10월 8일까지

㈏ 한글을 풀어서 가로쓰기는 1970년 10월 8일까지

제4조(심사 위원회) ① 한글을 전용하게 하기 위한 시행 절차와 시행

방법을 연구하고, 심사하게 하기 위하여, 국무총리 소속 하에 한글
전용심사위원회를 둔다.

② 전 항의 한글전용심사회의 구성과 기능은 따로 대통령령으로 정
한다.

제5호(특별 규정) ① 국가 기관 및 공공 단체와 국가 및 공공 단체가 감독하는 모
든 기관은 제3조 제2항의 기간에 불구하고, 다음 기간에 한글전용을 시행한다.

㈎ 한글을 모아서 가로쓰기 1966년 1월 1일부터

㈏ 한글을 풀어서 가로쓰기 1968년 10월 9일부터

② 전 항의 기간 이후에 전 항의 기관에 제출하는 모든 문서는 전 항
의 기관에서는 받아서는 아니 된다.

제6조(특허법의 배제) 이 법에 정한 한글전용에 관한 사항은 특허법에
의한 특허를 배제한다.

제7조(시행령 등) 이 법 시행을 위한 절차와 방법은 따로 대통령령으
로 정한다.

부칙

이 법은 공포한 날로부터 시행한다. 제2조, 제3조 및 제5조의 기간 이
전에 이미 쓰여진 문서는 그대로 사용할 수 있다. 그러나 점차적으로 이
것을 한글전용으로 바꾸어야 한다.

이러한 한글전용 정책에 대한 반발도 심하여 박정희는 다음과 같
은 흥미로운 지시를 내렸다.

한글전용 추진에 관한 지시 사항(박정희 대통령, 1967.11.16.)

첫째, 한글 '완전 전용'을 최종 목표로 한다.

둘째, 한글전용은 '즉시 시행'으로 하지 않고 연차적 계획으로 한자를 절감한다.

셋째, '한글전용'은 '운동'으로 전개하지, 법적 강제 조치로 하지 않는다.

완전 전용을 명시화했지만 법이 아닌 운동에 맡긴다는 논리로 반발을 피해 가려 하였다. 이에 대해 한글학회는 1968년 4월 6일에 민족문화협회대표: 이은상, 새싹회대표: 윤석중, 세종대왕기념사업회대표: 이세정, 배달문화연구원대표: 안호상, 한글전용추진회대표: 주요한, 한국어문학연구회대표: 박영준, 한국음성학회대표: 정인섭, 한글타자연구회대표: 공병우 등 21개 단체와 공동으로 다음과 같은 성명을 발표하였다.

한글전용의 계단적 실시에 대한 성명(1968.04.06.)

한글전용의 계단적 실시는 국민의 생활권을 보장하여주는 것이며, 민주주의 사회의 실현을 촉진시키며, 우리나라 근대화의 기초 작업이다. 이 일이 이미 500년이나 늦었으며 20여 년이나 준비되었으니, 이제 다시 5년간 준비 시일이 필요할 까닭이 없다. 모름지기 재빨리 서둘러서 박 대통령 재임 기간 안―1970년에는 완전 실시하기를, 중흥하는 겨레의 이름으로 간절히 바라 이에 성명한다.

이런 노력에 힘입어 한글전용 5개년 계획이 발표되었다.

한글전용 5개년 계획(국무회의, 1968.05.02.)

상용한자는 1968년도에는 2,000자, 1969년도에는 1,300자로 줄여, 1972년까지 한자를 단계적으로 완전히 없애고, 1973년부터 전면적인 한 글전용을 하기 위하여 다음과 같은 한글전용 5개년 계획 세부 지침도 발 표한다.

① 공문서는 특수한 것은 1968년까지 한자 병용을 허용, 1969년부터 한글을 전용하고,

② 법령문은 1972년도까지 뜻의 전달이 곤란한 것만 괄호 안에 한자 를 덧붙이며,

③ 호적 · 등기 · 주민등록은 1970년도부터 한글을 전용하며,

④ 각급 교과서, 정부 간행물 및 일반 정기 간행물은 1973년도부터 한글을 전용토록 한다.

그리고, 이 계획 실천을 위하여 '한글전용 연구 위원회'를 설치한다.

이리하여 이해 박정희는 다음과 같은 한글전용 촉진 지시 7개 항 을 공포하기에 이른다. 이 과정에서 1967년 5월 5일 결성된 전국국어 운동대학생연합회초대회장: 이봉원가 박정희 정부의 한글전용 정책에 많 은 영향을 끼쳤다.

한글전용 촉진 지시 7개 항(박정희 대통령, 1968.10.25.)

세종대왕이 한글을 반포한 지 520년이 넘도록 한글을 전용하지 않고 주저하는 것은 비주체적 전근대적 사고방식이며, 한문을 모르는 많은 국민을 문화로부터 멀리하려는 행위다.

1. 1970년 1월 1일부터 행정 · 입법 · 사법의 모든 문서뿐만 아니라, 민 원서류도 한글을 전용하며, 국내에서 한자가 든 서류를 접수하지 말 것

2. 문교부 안에서 '한글전용 연구 위원회'를 두어, 1969년 전반기 내에 알기 쉬운 표기 방법과 보급 방법을 연구 · 발전시킬 것

3. 한글 타자기의 개량을 서두르고, 말단 기관까지 보급 · 사용할 수 있도록 할 것

4. 언론 · 출판계의 한글전용을 적극 권장할 것

5. 1948년에 제정된 「한글전용에 관한 법률」을 개정하여, 1970년 1월 1일 부터는 전용토록 할 것("다만 얼마 동안 필요한 한자를 병용한다"는 단서를 뺀다.)

6. 각급 학교 교과서에서 한자를 없앨 것

7. 고전의 한글 번역을 서두를 것

이 담화문에서 "세종대왕이 한글을 반포한 지 520년 넘도록 한글을 전용하지 않고 주저하는 것은 비주체적 전근대적 사고방식"이라는 말이 한글전용의 정신과 가치를 보여주기도 하지만 언어 개혁이

얼마나 어려운지도 보여준다. 한글전용을 가로막았던 1948년의 한글전용법의 '다만'이라는 조항이 1981년 5공화국이 출범하면서도 삭제되지 않았기 때문이다.

대통령에게 드리는 건의서(1981.10.09.)

우리는 우리나라 역사에서, 민족의 자주정신과 민주정신이 대두될 때는 반드시 우리말과 우리글에 대한 관심이 높아진다는 사실을 발견하게 됩니다.

세종대왕의 한글을 만드신 정신이 바로 그것입니다. 1895년고종 32년, '법률·명령은 다 국문한글으로써 본으로 삼는다'는 칙령을 내리게 된 것은, 중국의 종주권을 부인하고, 사민평등의 원칙을 세운 갑오경장1894년의 정신이 그 밑바닥에 깔려 있습니다. 1896년 4월에, 독립협회를 만든 분들이 《독립신문》을 낼 때, 한글은 우리글이니 우리가 써야 하며, 상하귀천이 다 알아볼 수 있도록 하기 위해서도 한글만으로 적어야 한다고 그 논설에서 밝힌 것도 그러한 정신의 발로입니다. 1948년, 해방된 우리나라 국회에서 한글전용의 법률을 제정하고, 계속하여 그 정책을 밀고 나가는 것도 민족 자주정신과 민주정신에서 우러나온 일로 생각됩니다.

한편, 세계 문자의 역사를 보면, 처음에는 뜻글자에서 출발해서 소리글자로 발달해온 사실을 발견하게 됩니다. 그것은 뜻글자가 가진 근본적인 결함 때문입니다. 뜻글자는 귀족 특권의 글자이지 민주주의적 글자는 되지 못하기 때문입니다.

그런데도 불구하고 우리나라에서 아직 한글전용이 이루어지지 않고 있는 것은, 1948년에 세정된 법령에서 '다만 당분간 한자를 병용할 수도 있다'는 단서를 붙여놓았기 때문입니다.

민족의 자주정신과 민주정치의 토대를 굳건히 하기 위해서는 한글만의 글자 생활이 이루어져야 할 것이며, 그러기 위해서는 한글전용법의 '다만' 조항이 빨리 없어져야 할 것입니다.

이러한 건의에도 불구하고 6공화국 때까지도 삭제되지 않다가 2005년 1월 27일에 법률 제7368호인 「국어기본법」—그 부칙 "제2조다른 법률의 폐지 한글전용에 관한 법률은 폐지한다"는 조항이 제정되면서 1948년에 '다만 당분간 한자를 병용할 수도 있다'는 악법은 폐기되었다.

한글전용 중심 운동기에는 민간단체와 국어운동 대학생연합회의 활동이 두드러져 한글전용의 역사를 앞당기는 성과를 거두었다. 2005년에 국어기본법에 따라 공문서에서 한글전용이 이루어졌는데 이때의 노력이 얼마나 힘겨운 싸움이었나를 알 수 있는 대목이다. 한글 글씨를 한자보다 크게 하여 펴낸 세종의 《월인천강지곡》에서의 정신이 실현되기까지는 오랜 세월이 필요했다.

다양한 목적으로서의 한글 운동기(1970~현재)

1970년대 이후에는 이전의 한글전용운동도 지속되었지만 국어순화운동, 민주화운동, 통일운동과 연계한 한글운동, 정보화한글운동 등 다양한 운동이 전개되었다.

국어순화운동으로서의 한글운동

국어순화운동은 한글학회를 중심으로 각종 한글운동 단체들이 끊임없이 벌여온 운동이다. 이 운동은 8·15광복 직후의 '우리말 도로 찾기'를 잇는 운동으로 볼 수 있다. 왜냐하면 순화한다는 것은 결국 어렵거나 생소한 외래어를 없애거나 줄이는 것을 의미하기 때문이다. 순화의 기준이나 목표는 최현배의 《우리말 존중의 근본 뜻》에서 명시적으로 정리한 바 있다.

> 동서고금을 막론하고, 국어 운동의 목표에는, 다섯 가지가 있으니: 첫째는 깨끗하게 하기, 둘째는 쉽게 하기, 셋째는 바르게 하기, 넷째는 풍부하게 하기, 다섯째는 너르게 번지도록 하기가 곧 그것이다.
>
> — 《우리말 존중의 근본 뜻》, 123쪽.

이러한 논지를 바탕으로 한글학회는 국어순화운동의 목표를 "고운 말 쓰기, 쉬운 말 쓰기, 바른 말 쓰기"로 제시하였다. 그리고 1972년 9월에 창간한 《한글 새소식》에서 그런 운동을 본격적으로 펼쳤고, 1974년에는 한글문화협회를 조직하여 국어순화운동을 더욱 널리 알렸다.

이런 영향 때문인지 1976년 4월 16일에 박정희는 국무회의에서 일상생활에 외국어가 너무 많이 쓰이고 있는 점을 지적하고 국어정화운동을 벌이라고 지시하였다. 이에 따라 문교부는 1976년에 '국어순화운동협의회'를 조직하였고 민간단체도 많이 설립되었다. 국어 심의기구로 '국어심의회'를 만들고 그 안에 '국어순화 분과위원회'를 신설하고, 《국어 순화 자료》를 발간하는 성과를 내기도 하였다.

드레스 살롱dress salon → 양장점

닉네임nick name → 별명

디스카운트discount → 에누리, 할인

라이벌rival → 경쟁자, 적수

로비lobby → 복도, 휴게실

밸런스balance → 균형, 조화

한글학회는 국어순화운동을 더욱 적극적으로 펼 것을 다짐하고, 대중을 직접 상대하는 국어순화 강연회를 개최하였다.

민주화운동으로서의 한글운동

민주화운동 차원의 한글운동은 주로 대학생들 사이에서 이루어 졌다. 1980년대 한글운동에서 다뤄왔던 핵심 언어 문제는 다음과 같다. 이 내용은 대학생 한글운동 이론의 기반이 되었던 옥에티(이장원

필명, 1980)의 국어운동대학생연합회 소책자 《불꽃》 1호를 바탕으로 정리한 것이다.

첫째, 언어문화의 얽매임_{종속화}이다. 지식인들의 말과 글에서 필요 이상 외국어를 많이 섞어 쓰는 것을 볼 수 있다. 이런 현상의 주체인 지식인들은 대부분 고등학교 때까지는 모국어로만 생각한다. 그러나 대학에 진학하면서 영어에 몰입하고 상당수의 수업이 원서 읽기라 외국어 중심으로 생각을 전개하거나 정리하도록 훈련받는다. 그러다 보니 모국어보다는 외국어가 개념이 더 정확한 듯 느낀다. 물론 근본적으로 아직 학문이 토착화하지 못한 경우가 많고 서구와 일본의 논리를 수용 번역하다 보니 대부분의 학문적 용어가 우리의 삶과 동떨어져 있기 때문이다.

이러한 실정은 부끄러운 학문의 역사에 토대를 두고 있다. 고려, 조선 시대의 지식인들은 '과거'라는 틀 속에서 유교 경전 해석을 외우기에만 열을 올려 알갱이 있는 제 생각을 창조하고 추스를 여유가 없었다. 우리나라는 과거제도가 없었던 일본보다 문자 창조가 600년이나 늦었고, 그나마 지식인들은 한글을 주류 문자로 인정하지 않았다. 주체 의식을 강조했던 실학자들조차 그들의 사상을 한문으로 밝힌 것을 보면 중국 문화와 문자에 얽매임이 어느 정도였는지 알 수 있다. 해방 후에도 식민지 구조를 제대로 청산하지 못하고, 40년 가까이 식민지 잔재를 뿌리 뽑지 못하여 식민지적 제도와 의식이 상당히 많이 남아 있다.

둘째, 언어 계층화 현상이다. 생활 환경과 문화 환경에 따라 사용하는 언어가 다른 것은 당연하다. 여기서 문제가 되는 것은 이해와 비판의 앞선 늘전제이 될 수 있는 삶의 형식으로서의 언어 형식이 무너진 경우이다. 즉 권위의식과 사용하는 언어의 허구성 때문에 계급 차별 의식이 형성되어 한민족의 공동체가 대립 분열화된 것이다.

지식의 권위와 권력에 따라 알 권리와 말할 권리가 지켜지지 않고 있다. 노동법, 노사협약, 헌법, 경찰서의 안내문, 담화문, 신문 사설 등이 어려운 한자로 되어 있는 경우가 그런 경우다. 공동체의식 없이 무책임하게 말을 쏟아내고 못 읽는 자를 무식하다고 몰고 가는 식이다. 누구를 위한 말인지 토착어를 멸시하는 자기 학대가 빚어내는 언어 계층의식은 매우 심각하다. 초등학교에서는 자연스러운 '더하기', '빼기'가 중학교에서 '플러스', '마이너스'로 바뀌고 '큰골', '핏줄'이 '대뇌', '혈관' 등으로 바뀌면서 은연중에 뜬구름 같은 의식 세계가 형성되고 모국어를 낮은 언어로 인식하게 된 것이다.

문자를 독점하는 자가 귀족이요, 더 나은 인간이라는 봉건 시대의 잔재가 너무 뿌리 깊다. 세계 문화사적으로 볼 때 14, 15세기에 문예 부흥을 거치면서 인간 개개인의 존엄성이 회복되기 시작하였다. 언어 또한 특정 언어대부분 라틴어, 러시아에서는 프랑스어가 특정 계급의 권위를 나타내는 것에서 탈피하여 누구나 모국어로 말할 수 있는 언어의 보편화가 이루어졌다. 그런 15세기에 과학적이고 보편적인 문자인 한글이 태어났던 것이다. 그런데 이러한 귀중한 문화유산을 계승 발전시키지 못해 뒤틀린 언어 체계가 오래도록 유지되었다고 한글 운동가들은 보고 있다. 대부분의 지식인이 제도 교육 속에서 배운 현학적 용어, 자기 과시적 언어, 서구적 문체 등을 아무 생각 없이 쓰고 있어 민족 언어 공동체를 훼손하였던 것이다.

우리 사회의 언어 문제는 우리의 역사적, 정치적, 경제적 모순만큼이나 깊을 뿐만 아니라 정신적, 도덕적 가치를 등한시하는 물질주의 위주의 비리와 이를 구조적으로 부채질하는 대중문화의 병폐로 말미암아 우리말을 더욱더 허접하게 만들고 있다.

정보화 시대의 한글운동

정보화 시대에 따른 한글운동이 본격화된 것은 1990년대부터이다. 컴퓨터 생활이 본격화됨에 따라 코드 문제, 자판 문제 등을 둘러싼 정보화 시대 한글운동이 전개되었다. 이 분야에서는 그동안 주로 국어순화로만 인식되고 있던 한글운동과는 차원이 다른 한글운동이 필요했다.

코드 문제

컴퓨터 코드는 당연히 컴퓨터가 먼저 개발되고 발전된 미국의 알파벳 중심으로 되어 있다. 다른 나라 언어들도 모두 알파벳 코드에 맞추어야 한다. 컴퓨터는 1비트가 기본 단위다. 1비트가 여덟 개가 모여 1바이트가 된다. 그러니까 1바이트로 처리할 수 있는 정보량은 2의 여덟 제곱 곧 256개나 된다. 알파벳은 대소문자 모두 합쳐 100자가 안 되고 기타 문장 부호 등을 합쳐도 1바이트 범위에서 충분히 처리할 수 있다.

미국에서는 1바이트로 저리할 수 있는 성보량을 숭심으로 아스키코드라는 표준 코드를 만들었다. 이 코드는 전적으로 영어를 중심으로 만든 것이므로 국제 표준이 되기에는 많은 문제가 있어 기업을 중심으로 2바이트16비트로 각국의 문자 코드를 취급하는 유니코드라는 것을 새로 만들었다. 국가마다 언어 코드가 달라 생기는 문제를 해결하고자 만든 만국의 공통 언어 코드로 1991년 유니코드 컨소시엄에서 처음 제정하였으며, 전 세계 45개 주요 기업이 참여하고 있다. 이제는 유니코드가 실용화되어 큰 문제는 없지만 초기 단계에서는 특정 글자가 실현이 안 되는 완성형 문제가 심각하여 한글이 대체 대상이 되었다.

한글은 초성, 중성, 종성을 합쳐 한 음절을 만듦으로 1바이트로 처리할 수 없고 기본적으로 2바이트가 필요하다. 그리고 음절 단위로 코드를 부여하느냐완성형, 자소자음, 모음 글자별로 하느냐조합형는 갈등이 생겼던 것이다. 결국 코드 문제는 완성형 코드와 조합형 코드 문제로 집약된다. '강'자를 컴퓨터에서 구현하게 되면 아래와 같이 된다.

조합형(2바이트)과 완성형 코드 부여 방식

	한글시작	ㄱ	ㅏ	ㅇ	강
조 합 형	1	00010	00011	10111	–
완 성 형	–	–	–	–	01000

현대 한글의 자소는 자음 14자, 모음 10자로 모두 24자밖에 안 된다. 초성, 중성, 종성에 쓰이는 복합 자모까지 합쳐도 67자밖에 안 된다. 그런데 생성 가능한 음절은 모두 11,172자나 된다. 그럼 당연히 자소별로 코드값을 부여하는 것이 합리적이다. 유니코드는 완성형 중심이기는 하나 11,172자를 모두 구현할 수 있어 이런 문제가 해결되었다. 컴퓨터 보급 초기 단계에서는 2,500여 자만 구현이 돼 '전홥니다'의 '홥', '발범발범'발맘발맘의 다른 표현, 발길이 가는 대로 한 걸음씩 천천히 걸어가는 꼴'이라는 감칠맛 나는 토박이말도, '붉다'의 센말 '붉다'도 표현할 수 없어 많은 문제가 있었다.

한글의 문자 제자원리부터 최소의 자소로 최대의 음절을 생성할 수 있는 원리까지 문자학적 과학성이 실제 우리 삶 속에서 구체적 과학성으로 이어지지 않으면서 생긴 문제였다. 컴퓨터 과학과 한글 과학을 구체적으로 맥을 잇지 않는다면 우리는 한글의 과학성뿐만 아니라 정보화 시대에 과학성을 논할 수 없을 것이다. 컴퓨터의 하드웨어와 운영체제가 로마자 위주로 되어 있기도 하지만 그보다는 컴퓨터를 다루는 사람과 제도에 달려 있기 때문이다.

자판 문제

자판은 정보화 시대 글쓰기와 정보 입력의 핵심 도구이다. 스캐너나 음성 인식이 발달하고 손으로 쓰는 최첨단 컴퓨터까지 개발됐지만 그렇다고 자판의 중요성이 감소한 것은 아니다. 자판이 어떻게 설계되었느냐에 따라 정보 생산성의 속도와 양이 결정되고 건강 문

자판 벌식 구별

	네벌식	세벌식	두벌식
초성 자음	한벌	한벌	한벌
종성(받침) 자음	한벌	한벌	
받침 없는 모음(가)	한벌	한벌	한벌
받침 있는 모음(각)	한벌		

제_{키편치} 병 등까지도 좌우되기 때문이다.

한글은 자판에서 왼손 오른손을 균형 있게 사용하게 하는 유일한 문자이다. 지금은 두벌식 자판을 쓰지만 두벌식 자판이 정착되기까지 많은 갈등이 있었고 지금도 남북 자판 통일 문제가 남아 있다. 우리나라 자음자는 초성자에 쓰이는 자음자와 종성자에 쓰이는 자음자 두 가지가 있다. '각'에서 초성자 'ㄱ'과 종성자의 'ㄱ'을 자판에서 서로 다른 글자로 따로 배치하면 세벌식이 되고 한 글자로만 배치하면 두벌식이 된다.

남한 최초의 표준 자판은 박정희 정권 때 만든 네벌식이었다. 이 네벌식은 세벌식에서 중성 모음자를 종성이 있을 때의 모음자와 없을 때의 모음자를 구별했는데 너무 불편하고 비합리적이어서 없어지고 두벌식이 표준으로 된 것이다. 그러면 왜 거의 모든 소프트웨어에서 국가 표준인 두벌식 외에 세벌식을 지원하는 것일까. 공병우식 세벌식이 비록 국가 표준화 과정에서 탈락하긴 했지만 두벌식과는 차원이 다른 장점이 있기 때문이다.

자판은 정확성과 속도를 얼마나 최대한 실현할 수 있느냐가 관건이다. 그러기 위해서는 글자의 사용 빈도수와 그에 따른 왼손, 오른손 그리고 각각의 손가락 부담률, 연타수, 운지거리_{손가락이 움직이는 거리} 등이 세부적인 평가 기준이 되고 그러한 기준에 따른 실험 결과가 근거가 돼야 한다. 이밖에 한국어의 특수성에 따라 한글의 구성 원리에 얼마나 부합하느냐도 따져야 한다. 한글 구성 원리에 따르면 현행 두벌식은 한글의 구성 원리에 위배된다. 왜냐하면 종성을 따로 인식하지 못할 뿐 아니라_{받침을 홀로 찍을 수 없음} 컴퓨터 화면에 글자가 제 때 제 자리에 찍히시 않는다. 정확성과 속도 면에서도 세벌식이 유리한 위치에 있는 것이다.

현행 두벌식이 자주 치는 자음이 왼쪽에 있고 모음이 오른쪽에 있어서 왼손에 지나친 부담을 주어 균형 타자_{왼손과 오른손을 사용 빈도에 따라 적절히 사용하는 것}가 힘든데 세벌식은 초성 자음은 오른쪽에, 종성 자음은 왼쪽에, 모음은 왼쪽에 있어 균형 있는 리듬 타자_{왼손과 오른손을 골고루 사용하는 것}가 가능하다. 따라서 세벌식이 타자를 많이 칠 때 생기는 키 펀치 병 예방에 유리하다. 두벌식이 좋은 것은 자판 개수가 작으므로 일찍 배울 수 있다는 점이다.

마지막으로 오타율에 대해서는 논쟁이 분분하다. 두벌식은 자판 글쇠 수가 적고 세 줄에 걸쳐 배열되어 있어 유리한 반면 왼손 부담이 높아 불리하다. 세벌식은 두 손 부담률이 공평해 한 손에만 부담을 지우는 두벌식보다 오타율이 적을 수 있으나 세벌식은 네 줄에

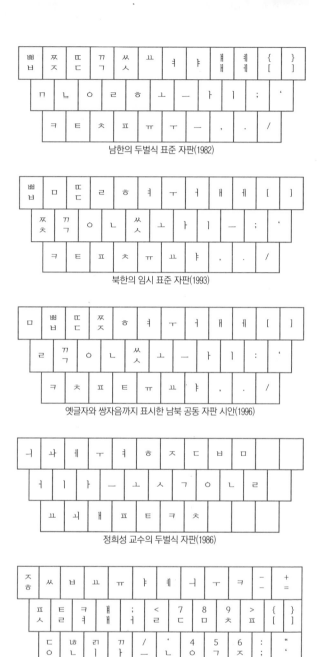

남한의 두벌식 표준 자판(1982)

북한의 임시 표준 자판(1993)

옛글자와 쌍자음까지 표시한 남북 공동 자판 시안(1996)

정희성 교수의 두벌식 자판(1986)

공병우의 세벌식 자판

수요 사편

걸쳐 있어 운지거리가 길다.

이런 논란에도 불구하고 남북한 모두 두벌식을 국가 표준으로 하고 있어 1996년에 남북한이 합의해 공동자판은 두벌식이 채택되었다. 합의안의 핵심은 두벌식 '자왼모오_{자음 왼쪽 모음 오른쪽}' 배치로 결과적으로 보면 조선의 임시 표준안과 비슷한 방식이다. 물론 이 합의안에 문제가 없는 것은 아니다. 첫째는 빈도수가 훨씬 많은 자음을 꼭 왼쪽에 배치했어야만 했느냐는 점이다. 둘째는 한국의 표준 자판이 모순투성이라면 그 대안 제시에 소홀하지 않았나 하는 점이다. 또 세벌식의 장점을 제대로 수용하지 못한 점도 있다. 물론 합의안에서 특수목적용으로 세벌식을 사용할 수 있다는 단서를 단 것은 그나마 그동안 세벌식주의자들의 끊임없는 운동이 있었기에 가능한 것이었다.

다양한 목적으로서의 한글운동기에는 이전의 한글전용운동도 지속되었지만 국어순화운동, 민주화운동, 통일운동과 연계한 한글운동, 정보화한글운동 등 다양한 운동을 전개하였다. 한글학회, 세종대왕기념사업회, 외솔회 등 정통 국어운동 단체 외에 한글문화연대, 겨레말살리는모임 등 다양한 단체들의 활동도 부각되었다. 더욱이 국어운동 전주 가나다 모임, 전국국어운동고등학생연합회 한글나무 등 고등학생 모임이 큰 성과를 낸 시기이기도 하다.

여기서 다루지 못했지만 북한은 주시경의 수제자였던 김두봉을 중심으로 한글전용과 우리말 문법을 살리기 위해 부단히 노력했다. '한글'이란 용어가 북에서 쓰이지 못하는 것이 분단의 상징처럼 되었지만 거꾸로 한글이야말로 분단 이전의 우리말이므로 통일운동의 바탕이 될 수 있을 것이다. 남한이나 북한이나 모두 한글과 문법의 뿌리는 주시경에서부터 비롯되었기 때문이다.

말글살이 문제는 언제 어디서나 존재하기 마련이다. 끊임없이 함께 고민하고 해결하기 위해 노력을 기울일 수밖에는 없다. 언어는 배려고 소통이며 인권이니까 말이다.

---

* 이 장은 "주경희·김슬옹·이승연·김일환(2013), 《국어 진흥 운동의 이론적 기반 연구》. 국립국어원"에서 필자가 쓴 부분을 더 보태고 풀어쓴 것이다.

ㅎ
ーー
인공지능 시대
한글은 어떠해야 하는가?

인공지능 시대의 글쓰기 문제
ーーーーーーーーーーーー

우리의 언어생활은 이미 4차 산업혁명의 흐름에 맞춰 움직이고 있다. 요즘 우리의 언어생활 깊숙이 들어와 있는 페이스북에서의 글쓰기를 생각해보면 쉽게 알 수 있다. 페이스북은 대량의 빅데이터를 바탕으로 인공지능 기법에 따라 움직이는 공간이요 매체다. 이미 페이스북에 참여하는 순간 각자의 언어생활은 개인의 주체 의지대로만 이루어지지 않는다. '좋아요' 수, 친구 수, 페이스북의 각종 유혹 장치에 따라 읽기 전략을 선택하고 낱말을 선택하고 문장을 쏟아낸다. 인공지능의 음성인식은 이제 여러 사람의 목소리를 동시에 알아듣는 수준에 이르렀고, 로봇이 맥락을 고려한 감정 언어까지 쏟아내는 세상이다. 마치 빅뱅처럼 변화돼가는 인공지능 시대에 언어에 대한 바람직한 관점은 무엇인지 심각하게 고민해봐야만 하는 상황인 것이다. 따라서 이 장에서는 이러한 고민에 대한 지혜로서 훈민정음을 만든 우리의 경험을 짚어 실펴 15세기에서 시공간을 뛰어넘어 미래 지향적인 문자, 디지털 시대에도 잘 적용할 수 있는 문자에 대해 고민해볼 것이다.

여기서 우리는 용어를 정확히 구별할 필요가 있다. 인공지능 언어란 인공지능을 가진 기계 언어를 말한다. 일반적으로는 사람의 말귀를 알아듣고 사람처럼 의사소통할 줄 아는 기계 언어지만 고도의 빅데이터를 바탕으로 한 그야말로 인간과는 차원이 다른 인공지능을 목표로 하므로 인간의 언어를 닮았으되 인간의 언어와는 사뭇 다른 양상을 띨 수도 있다. 표준국어대사전에서는 인공지능을 "인간의 지능이 가지는 학습, 추리, 적응, 논증 따위의 기능을 갖춘 컴퓨터 시스템"이라 정의하고 "전문가 시스템, 자연 언어의 이해, 음성 번역, 로봇 공학, 인공 시각, 문제 해결, 학습과 지식 획득, 인지 과학 따위에 응용"하는 것으로 보았다. 즉 인공지능 언어란 로봇이 하는 언어만을 가리키는 것이 아니다. 우리가 페이스북에서 쏟아내는 언어를 분석하고 그 흐름을 조정하는 눈에 잘 보이지 않는 컴퓨터 시스템도 인공지능 언어를 탑재하였다.

이에 비해 '인공지능 언어 환경'이란 인공지능 기계나 컴퓨터 시스템을 둘러싼 모든 환경을 말한다. 일반 사람과 인공지능 컴퓨터 시스템과의 관계도 포함한다는 것이다. 페이스북은 인공지능 언어를 탑재한 시스템이지만 여기에 참여 안 하는 사람부터 참여하는 사람들까지 매우 복잡한 양상을 띤다.

인공지능 시대 단계별 언어 문제

4차 산업혁명 시대에 인공지능을 둘러싼 언어 현상 또는 언어 문제는 단계별로 세 가지로 나눌 수 있다.

1단계는 사람의 말과 글을 컴퓨터가 제대로 인식하고 분석하게 하는 이른바 컴퓨터의 음성 인식, 문자 인식, 기계 번역 등이 여기에 해당한다.

2단계는 인공지능 기계가 사람처럼 언어생활을 하게 하는 이른바 로봇 언어를 말한다. 《클라우스 슈밥의 제4차 산업혁명》에 따르면 언어 인공지능인 컨셉넷ConceptNet4가 3년 만에 한 살에서 네 살보다 높은 지능을 갖게 되었다고 한다. 이는 머지않아 어른과 같은 인공지능 언어를 구사하는 또는 그 이상의 로봇이 나올 것이란 걸 의미한다. 최근 일본에서는 논술 채점을 인공지능 기계가 담당하게 하는 방안을 고려하고 있다는 기사까지 뜨고 있다. 논술은 사람으로서 갖추어야 할 최고의 고등 언어 능력에 따른 글쓰기 양식이다. 논리적이면서 맥락에 따른 섬세한 언어 전략과 표현 능력이 융합된 글쓰기가 논술이다. 만일 인공지능이 논술 채점에 성공한다면 당연히 인간의 고등 언어능력을 갖추었음을 의미하는 것이다.

3단계는 이러한 인공지능 언어 환경에서 사람이 어떻게 지혜롭게 언어생활을 할 것인가에 대한 문제다. 페이스북도 그런 공간을 거부하고 아예 참여 안 하는 사람부터 참여하되 소극적으로 참여하는 눈팅족, 페이스북의 인공지능 제어를 맘껏 이용하는 적극적인 이용자, 적극적으로 참여하기는 하지만 인공지능 환경을 별로 인식하지 못하거나 고려하지 않고 믹무기네로 캄어하는 사람까지 무척 다양하다.

세 단계 언어 문제 모두 핵심은 '맥락_{concept}'이다. 1단계 음성인식, 문자인식 등 최종 목표도 맥락을 고려하여 의미를 정확히 분석해낼 수 있는가이다. 곧 자연어 처리 기술의 핵심이자 최종 목표는 언어 맥락을 이해하는 자연어 처리 구축에 있다. 2단계 역시 로봇 언어의 최종 목표도 맥락을 고려해가며 인간과 소통할 수 있느냐이며, 3단계도 이런 빅뱅 환경에서 맥락에 따른 언어 사용 능력을 어떻게 발휘하게 할 것이냐이다. 인공지능 언어가 궁극적으로 도달해야 할 곳도 '맥락'이며 인간의 고유 영역으로 남을 곳도 '맥락'이다.

글쓴이는 1990년대 초 연세대에서 초기 말뭉치 구축과 가공 처리 실무 책임자로 일하며 컴퓨터 시대의 언어 문제에 대해 앞서 고민을 한 바 있다. 여러 가지 사정으로 훈민정음 연구로 전공을 바꾸었고, 《훈민정음》 해례본에서 훈민정음이야말로 시공간을 뛰어넘는 과학적 가치와 역시 시공간을 뛰어넘는 인문적 가치가 있음을 알게 되었다.

물론 글쓴이는 컴퓨터 공학이나 인공지능 언어와 관련된 기술적 문제에 대해서는 전공자도 아니고 모르는 바가 더 많다. 따라서 새로운 시대에 훈민정음 전공자로서 지혜를 찾아보자는 것이지 정답을 제시하고자 하는 것은 아니다. 다음과 같은 가설을 중심으로 그 지혜를 찾아볼 것이다.

가설 1: 훈민정음은 4차 산업혁명의 인공지능 기술과 같은 기법으로 만들었다. 그렇다면 기계언어 구현에 적용할 수 있는《훈민정음》해례본에 나타나는 훈민정음 문자 원리는 무엇이며 어떻게 적용할 수 있는가?

가설 2: 15세기에 최고의 과학 업적 위에 최고의 인문학적 성과를 거둔 집적물인《훈민정음》해례본에는 인공지능 시대 언어 문제를 풀어갈 융합적 지혜가 있다. 그렇다면 그러한 지혜를 어떻게 이 시대의 언어생활 지표로 삼을 것인가?

이러한 문제의식은《동양사상에게 인공지능 시대를 묻다》(홍승표 외, 살림터) 담론에 힘입은 바 크다.

인공지능 시대를 맞이해서 가장 시급한 일은, 현대 세계관으로부터 탈현대 세계관으로의 대전환을 이루는 일이다. 그런데 왜 필자들은 동양사상에 주목하는가? 그것은 고대 그리스와 로마의 사상과 문화 속에 현대 세계관이 풍부하게 내장되어 있었던 것과 마찬가지로, 유불도로 대표되는 고대 동양사상 속에 탈현대 세계관이 풍부하게 내장되어 있기 때문이다. 우리는 이를 제련해서 인공지능 시대와 조화를 이룰 수 있는 인류의 새로운 세계관을 제공하고자 한다. 또한 이 새로운 세계관의 바탕 위에서, 인공지능이 인류의 좋은 스승과 친구가 되어 멋진 신문명을 만들어갈 수 있는가를 보여주고자 한다.

이들 저자는 인공지능 시대의 흐름과 마치 반대편에 있을 법한 동양사상에서 새로운 시혜를 찾고 있다. 그래서 "현대를 출발시키는 사상의 건설을 위해서 르네상스 휴머니즘이 고대 그리스와 로마의 인본주의 사상을 빌려왔듯이 우리는 탈현대 건설을 위해 동양사상에서 그 원천을 찾으려고 한다"《동양사상에게 인공지능 시대를 묻다》, 21쪽라고 밝히고 있다. 첨단 기술 시대로 치달을수록 위험성도 그만큼 높아진다는 것은 호킹의 경고가 아니더라도 능히 예측할 만하다. 그래서 이런 노력이 필요한 것이다.

글쓴이가 훈민정음에서 지혜를 찾고자 하는 것도 같은 맥락에서이다. 더구나 훈민정음에서 지혜를 찾는 전략은 동양사상에서 지혜를 찾는 맥락보다 더 진일보한 전략이다. 왜냐하면 훈민정음에는 3차, 4차 산업혁명의 과학적 원리, 문화적 원리가 담겨 있기 때문이다. 다만 지혜만을 빌려오는 것이 아니라 원리나 기술을 차용할 수 있다. 따라서 우선은 '맥락' 차원에서 《훈민정음》 해례본에 나타난 근대성과 탈근대성을 짚어보고 그다음에 맥락을 특성 중심으로 분석해보자 한다.

인공지능의 핵심은 빅데이터와 딥러닝 그리고 컴퓨터 시스템에 따른 자율 판단 기능이다. 대량 정보를 바탕으로 반복 학습으로 지능을 발달시키고 그러한 인지 능력을 바탕으로 자율 판단, 자체 진화까지 가능한 컴퓨터 시스템이 바로 인공지능의 핵심이다. 인공지능은 그야말로 기계나 컴퓨터가 사람 같은 지능을 갖게 해서 사람이 좀 더 편리한 생활을 누려보자는 것이다. 그런데 문제는 기계가 사람보다 더 뛰어난 인공지능을 갖게 되거나 사람 같은 인공지능에 기계의 장점을 더함으로써 사람의 지위를 넘보게 될 경우에는 매우 위험하다.

그렇다면 이제 그런 세상을 두려워하기보다는 그런 세상이 현실이 되고 있다는 사실을 인지하고 대안을 세우는 일 또한 중요하다. 글쓴이는 세종과 훈민정음을 연구하는 학자로서 세종이야말로 인공지능 시대를 예견한 분이라고 생각을 한다. 훈민정음이 바로 인공지능 기법과 비슷한 원리에서 탄생한 문자이기 때문이다. 글쓴이가 《한글혁명》〈알파고 시대의 한글〉에서 주장했듯이, 거꾸로 훈민정음 창제 원리에 담긴 전략과 사고를 인공지능과 결합하여 언어 산업 또는 문자 산업을 발전시켜보자는 것이다.

4차 산업혁명은 컴퓨터와 인터넷에 의한 3차 산업혁명 시대를 인공지능 로봇이나 인공지능 사물 인터넷 등을 이용해 한 차원 더 발전한 혁명이다. 이러한 4차 산업혁명을 긍정적으로 받아들이기 위해서는 사람다움의 감성과 사람다움의 인문 정신이나 인문학 등이 결합되어야 하는데 이러한 융합적 통찰이 훈민정음 창제 원리나 정신에 담겨 있다.

《훈민정음》 해례본에 담긴 근대성과 탈근대성, 그리고 인공지능 언어 맥락

인공지능 언어 환경에 따른 언어 문제의 지혜를 찾기 위해《훈민정음》해례본에 나타난 언어문자, 소리의 근대성과 탈근대성에 주목하고자 한다. 언어의 근대성과 탈근대성이 혼재되어 있으면서 탈근대성이 극대화되는 인공지능 시대의 언어 환경을 진단하기 위해 언어의 근대성과 탈근대성을 짚어볼 필요가 있다.

훈민정음의 근대적 속성

과학은 크게 보면 관찰과 경험에 따른 자연과학이 있고, 규칙성과 체계적인 객관성으로 말미암아 언제 어디서나 누구에게나 보편적인 방법론이나 특성으로서의 과학이 있다. 훈민정음은 이 두 가지 속성을 모두 갖고 있어 문자 과학 또는 과학적인 문자라고 한다. 그동안 훈민정음의 과학적인 특성 관련 논문에서 과학 특성은 충분히 드러났지만 창제 과정의 과학 특성에 대해서는 별로 주목하지 않았다. 창제와 제자 과정에서의 과학적 측면은 3단계로 설정할 수 있다.

1단계: 문자 모순 사실에 대한 객관적 인식 또는 관찰
2단계: 발음 과정에 대한 객관적 검증과 실험
3단계: 수학적 도형화

1단계는 문자 모순에 대한 사실적 인식 과정이다. 이는 해례본에서 세종 스스로 두 나라의 말이 다르다는 명백한 사실을 지적했고, 정인지서에서는 중국 한자를 빌려쓰는 데에 따른 극한의 모순을 지

적했다. 이러한 과학적 인식을 바탕으로 구체적인 말소리와 그 작용 등을 관찰하여 발음기관에서 따온 상형을 이루었다. 그래서 초성 기본자는 어딘가에 닿아 나는 자음의 소리 특성에 따라 발음기관을 상형하고 중성 기본자는 한국어의 음양 특성을 반영하기 위해 천지인 상형 전략을 적용하였다.

여기서 중요한 것은 세종이 자음자와 모음자 제자 맥락을 달리했다는 점이다. 자음은 발음 기관 어딘가에 닿았다가 나오는 소리다. 'ㄱ'처럼 닿았다가 터지는 파열음, 'ㅅ'처럼 닿았다가 스쳐 나오는 마찰음, 'ㅈ'처럼 닿았다가 터지면서 스쳐 나오는 파찰음 등과 같이 닿는 부위에 따라 특정한 발음 기관 위치가 명확하다. 세종은 부위별로 자음자를 상형화한 것이다.

그러나 모든 모음은 입술과 혀, 목구멍 등 다양한 부위의 복합 작용으로 나오는 홀소리기 때문에 특정 발음 기관을 상형화하는 것 자체가 불가능하다. 그래서 세종은 아예 자음자와는 전혀 다른 상형 전략을 썼다. 곧 우주의 3요소인 하늘과 땅과 사람을 상징적으로 상형하는 전략을 적용한 것이다. 일부 국어 관련 책들에서 이런 모음 상형이 비과학이라고 하지만 그것은 근시안적이고도 이분법적인 판단이다. 자음자와 모음자 상형 전략을 달리한 것이야말로 과학적 상형 전략이다. 문자는 시스템이고 맥락이기 때문에 문자 전체의 짜임새 안에서 어떤 식으로 배치하고 배열하는 전략과 맥락은 매우 중요하다. 그리고 'ㆍ ㅡ ㅣ' 세 자가 상징적 상형이라 할지라도 그야말로 핵심 기본 모음으로서 합리성을 갖고 있을 뿐 아니라 우리말에 담겨 있는 모음조화 원리를 담기 위한 음양의 이치를 적용했다.

'ㅣ' 모음은 모음 가운데 가장 편하게 낼 수 있는 전설 고모음이면서 제자 원리로 볼 때 기능 부담량이 가장 높은 모음이다. 우리가 보통 이를 다물고 있으면 혀가 아랫니에 닿아 있는데 혀를 살짝 떨어뜨리고 입을 살짝 벌리면서 내는 소리가 'ㅣ'다. 그래서 해례본에서도 "혀는 오그리지 않고 소리는 얕다"고 했다. 발음기관의 움직임이 작으므로 누구나 쉽게 낼 수 있는 소리다. 그와 더불어 기본 이중모음 'ㅛ, ㅑ, ㅠ, ㅕ'를 낼 때는 '이' 모음에서 출발하게 되므로 기능 부담량이 높다고 한 것이다.

'ㅡ' 모음은 'ㅣ'를 발음할 때보다 혀를 뒤로 더 당기면서 내는 소리로 해례본 설명으로는 "혀는 조금 오그리고 소리는 깊지도 얕지도 않은" 중설 중모음으로 가장 약한 모음이다. 약한 모음이다 보니 영어에서는 독립된 음소로 발달돼 있지 않고 단독 표기 문자도 없다.

'ㆍ'는 가장 깊은 모음으로 해례본 설명은 "혀 오그리고 소리는 깊은" 후설 저모음이다. 이렇게 보면 가장 기본이 되는 세 모음을 임의대로 설정한 것이 아니라 나름의 음운 특성을 고려하여 배치했음을 알 수 있다.

또 문자의 전체 짜임새를 28자의 틀로 세운 것 자체가 과학적인 접근이었다.

초성자 상형 기본자 5 + 가획자 12 => 17
중성자 상형 기본자 3 + 합성자 8 => 11

중성자 상형 기본자 자질 설명과 용어

기본 문자	해례본 설명	현대 음운학 용어	특성
'·' 모양	혀는 오그리고 소리는 깊다	후설 중저모음	가장 깊은 모음
'ㅡ' 모양	혀는 조금 오그리고 소리는 깊지도 얕지도 않다	중설 중모음	가장 약한 모음
'ㅣ' 모양	혀는 오그리지 않고 소리는 얕다	전설 고모음	기능 부담량이 가장 높은 모음

　자음 다섯 자를 발음 기관과 발음 작용을 본떠 만든 것이 첫 번째 과학적 특성이고, 가획 원리에 따른 자음자 확장, 합성 원리에 따른 모음자 확장이 두 번째 과학적 특성이다. 세종은 상형 기본자 8자를 만들고 이를 바탕으로 확장과 운용 전략을 통해 최종 문자 짜임새를 만든 것이다.

　이는 인류가 오랜 세월 축적해온 말소리와 문자에 대한 지식을 잘 활용한 것이다. 말소리는 자음과 모음으로 이루어졌다는 것과 '초성-중성-종성'으로 갈라볼 수 있다는 점 등은 세종 이전에 발견한 지혜였다. 문제는 그런 원리를 치밀하게 분석 판단하여 어떤 전략으로 실용적인 문자를 만들어내느냐이다. 그리고 세종의 이런 사유를 인공지능 알파고 개발에 투자하자는 것이다. 실제적인 개발은 다양한 전문가들의 융합 연구로 가능하므로 여기서는 세종의 맥락적 사고와 전략적 판단의 실체만을 따져보기로 하겠다.

　여기서 중요한 것은 최소의 기본자를 설정한 뒤 간단한 규칙을 적용하여 다양한 문자로 확장해나가는 원리를 썼다는 점이다. 이러

ㅎ

한 원리를 적용한다면 다음과 같은 확장 생성이 가능할 것이다.

기본자 - 응용자 - 1차 확장자(변이음 표기, 외래어 표기), 2차 확장자
(외국어 표기)

인공지능은 대용량빅데이터과 반복적인 발전 학습딥러닝 그리고 컴퓨
터 시스템에 따른 자율 판단 기능으로 만들어진다. 대량의 정보를
바탕으로 반복 학습하여 지능을 발달시키고 그러한 인지 능력을 바
탕으로 자율 판단까지 가능하게 한 컴퓨터 시스템이 바로 인공지능
의 핵심이다. 이때 자율 판단 기능은 역동적인 맥락에 따라 합리적
인 판단이 가능한 것을 말한다.

세종이 훈민정음을 어떻게 창제, 발명했을까 생각해보면 그 과정
이 인공지능 기법을 닮았으므로 인공지능에 그 기법을 거꾸로 적용
해본다면 그것이 바로 알파고 시대 훈민정음 산업의 핵심 방향이 될
수 있다.

세종이 훈민정음을 발명할 당시에는 지금 쓰고 있는 문자든 사라
진 문자든 모두 사용했었다. 세종은 책벌레로 자료 수집광이었고 탐
구광이었으므로 당연히 그 시대까지 나온 모든 문자를 참고하고 연구
했을 것이다. 그러나 그 시대에 발달된 음운 문자라고 하는 산스크
리트 문자나 파스파 문자도 소리를 정확하게 적을 수 없다는 데에
주목했을 것이다. 설령 정확히 적을 수 있는 음소 문자라 하더라도
훈민정음처럼 쉽게 배울 수 있는 문자가 아니라면 그 또한 의미가

없기는 마찬가지다. 그래서 모든 문자를 기억에서 지우고 원점으로 돌아와 질문을 던졌을 것이다.

사람은 어떻게 말소리를 내는가. 지금 시각으로 본다면 사람을 로봇이라 생각하고 이 로봇이 어떻게 말소리를 알아듣고 쓸 수 있는지에 주목했다. 마치 빅데이터 기법을 적용하듯이 수많은 소리를 수집했다. 고구려, 곰, 거머리 등등 수많은 소리를 남녀노소 가리지 않고 수집했다. '고구려'의 첫소리와 '곰'의 첫소리는 같은 소리인가, 같다면 왜 같은가, 어디서 소리가 나오는가를 거듭 살피고 분석했던 것이다. 이런 과정을 거쳐 목젖이 콧길을 막고 혀뿌리 부분이 인두 부근 목을 막는다는 사실을 알았다.

그러므로 알파고 시대의 훈민정음이라고 해서 특별할 것이 없다. 《훈민정음》 해례본의 정신이나 훈민정음 제자 원리를 전략으로 삼으면 된다. 정신이라 한다면 정보와 지식을 평등하게 나누려는 세종의 마음, 남을 배려하여 유통과 소통을 중요하게 여기는 마음이다.

인공지능의 바탕이 되는 빅데이터는 단순히 정보량이 많은 것만을 의미하지 않는다. 각 정보의 구성 인자로서의 특성을 종합하여 상호 교차 융합하여 다양한 정보를 뽑아낼 수 있는 자료를 말한다. 훈민정음은 오랜 연구 끝에 나온 인공 문자인 만큼 세종의 치밀한 전략이 담겨 있다. 문자 하나하나에 기본적인 절대 음가를 부여하고 각 문자는 일정한 기준이나 기본 특성의 규칙적인 결합으로 다양한 응용 문자로 확대하였다는 것이다.

해례본에서는 'ㅗ ㅏ ㅜ ㅓ'에서는 기본 자질인 '혀 오그리기,

깊은 소리'를 기준으로 분류하였고 입 모양이 추가되었다. 곧 'ㅗ ㅜ' 는 입을 오므리는 것이고 'ㅏ ㅓ'는 입을 벌리는 것으로 핵심 사질을 설정하였다.

기본 이중모음도 다음과 같이 소리 성질을 규칙적으로 반영하고 있다. 이중모음 'ㅛ ㅑ ㅠ ㅕ'는 모두 'ㅣ'에서 시작하는 이중모음 이므로 아래 표와 같이 음운 자질로 분류할 수 있다.

이 모든 언어관은 결국 천지자연의 바른 소리, 백성의 소리를 바르게 적고자 하는 정음관에서 비롯되었던 것이므로 정음 문자관이 라 볼 수 있다. 이러한 훈민정음의 정밀한 과학적 특성은 구글 같은 회사의 음성인식 연구에서 한글에 주목하거나 제일 먼저 실험 문자 로 삼는 이유이기도 하다.

단모음의 해례본 설명과 현대 용어

초출자 (기본 단모음)	해례본 설명		현대 음운학 용어		음양 자질
	혀와 목구멍	입 모양	위치	입 모양	
ㅗ	혀 오그리기+깊은 소리	입 오므리기	후설모음	원순모음	양성 모음
ㅏ	혀 조금 오그리기+깊지도 얕지도 않은 소리	입 벌리기	중설모음	평순모음	
ㅜ	혀 오그리기+깊은 소리	입 오므리기	후설모음	원순모음	음성 모음
ㅓ	혀 조금 오그리기+깊지도 얕지도 않은 소리	입 벌리기	중설모음	평순모음	

이중모음의 자질과 현대 용어(김슬옹, 《한글혁명》, 357쪽)

재출자	복합 자질	기본 자질		현대 음운학 용어		음양 자질
		해례본	현대 음운학	위치	입 모양	
ㅛ	[후설모음][원순모음]+ [j-상향 이중모음]	'ㅣ'에서 일어나 'ㅣ'를 겸하는 모음	반모음 'j' 상향 이중 모음 /jo, ja, ju, jə/	후설 모음	원순 모음	양성 모음
ㅑ	[중설모음][평순모음]+ [j-상향 이중모음]			중설 모음	평순 모음	
ㅠ	[후설모음][원순모음]+ [j-상향 이중모음]			후설 모음	원순 모음	음성 모음
ㅕ	[중설모음][평순모음]+ [j-상향 이중모음]			중설 모음	평순 모음	

탈근대 언어 속성: 표현과 생성의 무한대성

탈근대 언어의 기본 속성은 언어의 차이와 다양성, 개별성, 감성 등을 존중하는 태도를 말한다. 인공지능 시대의 언어 환경은 인공지능 시스템에 종속되어 있으면서도 수많은 다양한 언어 양식을 창출할 것이다. 2025년을 배경으로 한 인공지능 소재 영화 스파이스 존스 감독의 〈그녀Her〉에서처럼 인공지능과 어떤 식으로 접속하느냐에 따른 언어를 활용한 정체성 양상에 따라 수많은 언어 양식을 보여준다.

훈민정음에 담긴 탈근대성은 감성 표현의 극대화와 생성의 무한대성이다.

ㅎ

이런 까닭으로 글 모르는 백성이 말하고자 하는 바가 있어도 끝내 제 뜻을 펴지 못하는 사람이 많다.

— 《훈민정음》 해례본 정음편 세종 서문

'뜻'은 '情_정'이라는 한자를 번역한 것으로 지식정보 위주의 '意_의'라는 뜻 외에 감성 영역까지도 아우른다. 곧 "스물여덟 자로써 전환이 무궁하여, 간단하면서도 요점을 잘 드러내고, 정밀한 뜻을 담으면서도 두루 통할 수" 있기에 어떤 감성도 마음껏 표현할 수 있는 것이다.

언어는 욕망의 도구이다. 문자는 그 욕망을 가두기도 하고 해방하기도 한다. 세종이 욕망이란 말을 쓴 적은 없다. 그러나 훈민정음은 자연의 소리를 문자로 담고자 하는 인간의 오랜 욕망을 실현한 것이며, 가장 과학적인 쉬운 문자라는 조건하에서 소통과 표현의 온갖 욕망을 드러낼 수 있게 한다.

한국어에 발달되어 있는 '예사소리-된소리-거센소리'의 삼분법과 '음성-양성'의 이분법으로 말 빛깔이 맘껏 드러난다. 물론 모든 문자는 욕망의 기호이다. 언어는 이질적인 것들과의 접속이며 생성이다. 들뢰즈에 따르면 다양한 발화나 언어 행위는 그러한 언어 구성 요소의 배치와 그러한 배치가 이뤄내는 맥락에 따라 의미작용과 의미효과를 나타낸다.

세종은 기본 문자소를 가장 단순한 직선, 점, 원이라는 도형을 배치하여 온갖 소리를 역동적으로 담아낼 수 있는 생성의 문자를 창출

예사소리, 된소리, 거센소리가 빚어내는 어휘의 다양함

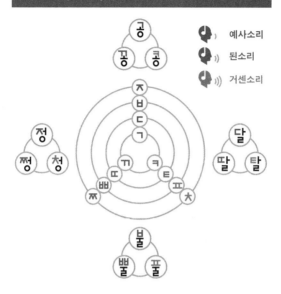

예사소리, 된소리, 거센소리와 음양에 따른 어휘의 다양함

갈래	양성모음끼리	음성모음끼리
예사소리	졸랑졸랑	줄렁줄렁
	잘랑잘랑	절렁절렁
된소리	쫄랑쫄랑	쭐렁쭐렁
	짤랑짤랑	쩔렁쩔렁
거센소리	촐랑촐랑	출렁출렁
	찰랑찰랑	철렁철렁

천지인
모음 합성 원리를
잘 살림

나랏글
자음의 획 더하기
방식을 잘 살림

스카이한글
자음 모음을 구분한
배치를 잘 살림

자음자와 모음자의 다양한 배치와 결합

했다. 모음 기본자는 천지자연의 우주를 본뜨고, 자음 기본자는 작은 우주인 사람의 발음기관을 본떠 큰 우주와 작은 우주를 접속하여 음소 문자이면서 음절 단위로 모아쓰는 전무후무한 문자 짜임새를 만들어냈다. 또 모음에는 음양 이분법과 천지인 삼분법을 동시에 배치하고, 자음에는 오행과 오시와 오방, 오음 철학을 적용하여 과학과 철학이 만나 조화로운 문자 생성 의미를 부여했다. 또 최소의 자음과 모음이 최소의 규칙적인 움직임으로 최대의 글자를 생성해내는 문자 생성의 극치를 보여준다. 이러한 한글의 생성적 배치 원리는 다양한 손전화에서 다양한 배치 효과로 나타난다.

훈민정음은 절대권력을 가진 임금이 창제했지만 철저하게 하층민을 배려한 문자였다. 세종은 입말_{한국어}과 글말_{한문}이 일치하지 않는 언어의 절대 모순을 해결함으로써 한자를 몰라 글말에서 철저히 소외당해온 하층민이 언어 주체로 나설 수 있는 길을 열어준 것이다.

훈민정음과 《훈민정음》 해례본에 21세기 첨단 과학 원리와 가치가 들어 있다는 것은 우리에게 무한한 축복이 아닐 수 없다. 물론 그것을 제대로 구현하고 활용했을 때 비로소 온전하게 그 가치를 누릴 수 있을 것이다. 훈민정음은 인공지능 시대가 지향하는 물리적 가치 외에도 그것을 싸안는 것과 동시에 그것을 넘어설 수 있는 인문적 가치를 함께 가지고 있기에 더욱더 값지다.

한글을 무형문화유산으로 우뚝 세우자

현재 우리나라는 유네스코 세계유산에 12건, 세계기록유산에 16건이 등재된 나라이고, 인류무형유산에 19건이나 등재된 나라이기도 하다. 2012년에 〈아리랑〉이 인류무형유산으로 등재되었을 때는 세계적으로 화제가 되기도 했다. 한글도 1997년에 일찌감치 세계기록유산에 등재되었다. 하지만 이 위대한 유산인 한글이 우리나라에서는 어처구니없게도 공식적으로 인정받지 못하고 있다. 이에 문화재청은 '온돌 문화', '장 담그기' 등 18개의 무형문화와 함께 '한글과 언어생활'의 국가무형문화재 지정을 추진하고 있다.

국가무형문화재는 원래 기능과 예능 분야만을 대상으로 지정해왔으나 2015년부터는 전통 지식, 생활 관습, 구비 전승 등의 분야에도 지정하기 시작했다. 이는 2015년 '무형문화재 보전 및 진흥에 관한 법률'이 제정됨으로써, 이에 더해 '구전 전통 및 표현' 분야가 무형문화재 범주에 포함됨으로써 가능해진 일이었다. 그리고 이로써 한글도 〈아리랑〉처럼 무형문화재로 지정될 수 있는 길이 열렸다. 문화재청은 이에 힘입어 '한글 무형문화재 지정 방안 연구' 용역을 발주했고, 지정 가능성 여부에 대한 연구 결과도 내놓았다. 그리고 3년 만에 한글의 무형문화재 지정을 본격적으로 추진하게 된 것이다[박상미 외, 2015]. 참고로 문화재청이 등재 추진 대상을 '한글'로만 한정하지 않고 굳이 '언어생활'을 덧붙인 이유는 문자 그 자체만을 대상으로 하면 이런저런 논란이 있을 수 있고, 반면 문화와 생활 관점에서 등재를 추진하면 등재 가능성이 좀 더 높아질 수 있기 때문이다.

무형문화재는 여러 세대에 걸쳐 전승되어온 무형의 문화유산으로 전통적 공연 · 예술, 공예나 미술 등에 관한 전통적 기술, 한의학 · 농경 · 어로 등에 관한 전통 지식, 의식주 등 전통 생활 관습, 민간신앙 등 사회적 의식, 전통적 놀이 · 축제와 기예 · 무예 등은 물론 구전 전통과 표현까지 총망라한다. 이때 '구전 전통과 표현'이란 사람들의 일상적 삶 속에 관습화되어 있는 다양한 언어 표현과 언어적 전통을 말하는 것으로, 특히 '언어 표현'이라는 요소에 주목할 때 '한글'은 무형문화재가 되기에 더없이 충분한 조건을 갖추고 있다.

유네스코가 정한 무형문화유산 보호 협약에 따르면 무형문화유산은 "공동체 · 집단과 때로는 개인이 문화유산 일부로 보는 관습 · 표상 · 표현 · 지식 · 기능과 이에 관련한 도구 · 물품 · 공예품과 문화 공간"을 말한다. 한 국가의 문자 체계가 유네스코 무형문화유산으로 등재된 바는 없지만 소멸 위험이 있는 소수민족의 문자 또는 언어는 전승이 필요하기에 등재 대상으로 인정된 바 있다. 이렇게 볼 때, 한글이 무형문화재로 선정되기 위해서는 한글을 역사적인 문화 전승 매체로 볼 수 있도록 해야 하며, 이에 더해 한글만이 갖고 있는 문화적 가치를 입증해야 한다. 그렇다면 유네스코 인류무형문화유산 등재 조건에 대한 문화재청의 보고서를 비판적으로 검토하면서 좀 더 세밀하게 살펴보자.

가장 먼저 살펴야 할 점은 한글을 공동체의 문화 정체성에 비춰 볼 때 대표성을 가지고 있느냐이다. 물론 이는 그 답이 비교적 분명하다. 1446년에 반포된 이래 한글은 한국말을 적는 고유 문자로서 한국말이 가지고 있는 역사성과 정체성을 담아왔고, 또 드러내 주는 구실을 해온 문자이기 때문이다. 문화재청 검토 보고서에는 해외 동포의 한글 사용과 같은 예외를 적용, 조건에 맞지 않는다고 하고 있지만 그것은 예외적 상황이므로 크게 고려할 문제는 아니다.

둘째, 인류의 창의성과 문화다양성의 구현이라는 기준 또한 한글은 충분히 충족하고 있다. 한글은 15세기에 인공 문자로 태어난 만큼 자연스럽게 발전해온 한자나 로마자와는 다른 독창성이 있다. 또 기술적 독창성만 있는 것도 아니다. 한글은 보편 문자인 한자에서 소외당한 사람들을 고려하고 배려한 인본주의 정신에 바탕을 둔 문자라는 점에서 정신적인 면에서도 세계의 어떤 문자보다 독창적인 문자라 할 수 있다. 더구나 한글은 음양오행이라는 동양의 전통 철학과 궁상각치우라는 음악적 전통까지 반영하고 있어 독창성과 함께 문화 다양성까지 자연스럽게, 그리고 훌륭하게 확보하고 있는 문자이기도 하다. 이렇게 볼 때 한글은 그 자체의 창의성은 물론이거니와 그 안에 전통이 담겨 있다는 점 그리고 한자 보편주의에 맞서 소수 언어를 지켜낸 문자라는 점에서 두 번째 기준을 충족하기에 더 없이 충분하다.

한편 한글의 인본주의적 독창성은 세 번째 판단 기준을 충족하는 아주 중요한 요소이다. 보고서에서는 문자의 짜임새가 무형문화재의 대상이 될 수 없다고 주장한다. 하지만 이는 한글이라는 문자의 짜임새가 갖고 있는 가치를 제대로 살피지 못한 주장이자 평가일 뿐이다. 한글의 짜임새는 다른 문자에 비해 보편적 과학성을 충분히 확보하고 있으며, 누구나 더 쉽게 지식과 정보를 나눌 수 있는 수월성까지 겸비하고 있다. 게다가 그러한 짜임새 안에 인본주의적 가치, 문화적 가치까지 담고 있다. 그리고 그러한 특성과 가치 덕분에 한글은 한자로는 제대로 적을 수 없어 입으로만 전승되어오던 백제가요, 고려가요와 같은 구전문화를 온전히 기록, 전승할 수 있게 해줌으로써 문화 다양성의 구현이라는 가치까지 확보하였다. 한글의 이러한 가치는 유네스코 인류무형문화유산 등재를 위한 세 번째 판단 기준인 '무형문화유산사업의 철학'에 정확히 부합하는 것이다. 이때 철학이란 말은 '문화 상대주의·문화 다양성·보편적 인권' 등을 뜻하는데 한글은 이러한 철학을 너무도 충실히 구현하고 있는 문자인 것이다. 게다가 한글의 인본주의적 특성, 즉 문자 교육과 사용에서 철저히 소외된 여성들과 하층민들에게도 문자 생활을 가능하게 해줬다는 점은 한글이 인본주의 철학 그 자체를 담고 있는 문자라는 점을 알려주고 있다. 보고서에서도 이점은 충분히 인정하고 있는데,

이처럼 한글의 창제 배경과 이념을 담고 있는 문자의 짜임새와 그 효과 또는 결과는 인권을 중요시하는 유네스코의 철학과 충분히 맞닿아 있다.

물론 이러한 가치에 대한 강조가 일부에서 우려하고 있듯 한글 우월주의로 흐르게 된다면 그 의미는 퇴색을 넘어 부정적인 것이 되고 말 것이다. 그러나 한글 우월주의를 문제 삼으려면 한글이 권력의 도구로 사용되었다거나 다른 문자에 대한 차별적 권력을 갖고 있다는 점이 증명되어야 하는데, 당연하게도 그럴 가능성은 한마디로 진혀 없다. 왜냐하면 한글은 반포된 이래 지금까지 절대권력을 갖고 있었던 문자인 한자에서 소외당해왔던 약자 편의 문자로 쓰여왔기 때문이다. 덧붙이자면, 여러 문자 가운데 한글만 무형문화재가 되어야 한다고 주장하는 것 또한 당연히 아니다. 역사와 문화를 간직한 모든 문화재는 기본적으로 유·무형 문화재로서의 소중한 가치를 지니고 있기 때문이다.

기존의 인류무형문화재 등록 목록에는 카나리아제도 라고메라섬의 휘파람 언어는 물론 몽골과 중국의 서예 같은 문자 관련 유산도 포함되어 있다. 한글에는 이들 유산이 가지고 있는 다양한 요소들이 말 그대로 '융합적'으로 담겨 있다. 그렇다면 국가무형문화재 범주와 관련된 한글문화 유산의 요소에는 무엇이 있는지 살펴보자.

다음 표에서 보듯 한글의 가치는 단순히 문자 자체에만 담겨 있는 것도, 문자 자체로만 드러나는 것도 아니다. 한글은 생활과 문화 속에 녹아들어 문화적 가치와 그 전승을 다채로운 방식으로 구현함으로써

국가무형문화재 범주와 유관한 한글문화 유산(박상미 외, 2015, 92쪽)

국가무형문화재 범주	유관한 한글 문화유산
가. 음악, 춤, 연희, 종합예술, 그 밖의 전통적 공연·예술 등	한글 춤(현대문화)
나. 공예, 건축, 미술 등에 관한 전통 기술	한글 서체, 한글 서예, 캘리그래피
다. 민간의약 지식, 생산 지식, 자연·우주 지식, 그 밖의 전통 지식 등	한글 창제의 원리
라. 언어표현, 구비전승, 그 밖의 구전 전통 및 표현 등	속담 및 방언, 시조, 서사시 등
마. 절기 풍속, 의생활, 식생활, 주생활, 그 밖의 전통적 생활관습 등	다듬잇돌, 시루, 보자기, 떡살, 기와 등에 관행적으로 혹은 무늬로 새겨지는 한글
바. 민간신앙 의례, 일생 의례, 종교 의례, 그 밖의 사회적 의식·의례 등	당사주, 부적 등
사. 전통적 놀이·축제 및 기예·무예 등	한글 윷판, 시조가투 놀이

무형문화재로서의 가치를 다방면에서 융합적으로 뿜어내고 있다.

영국의 역사가 존 맨John man이 주장했듯, 한글은 모든 문자의 꿈이다. 마음과 생각을 자유롭게 표현하고 지식과 정보를 평등하게 나눌 수 있는 문자의 꿈을 그 어떤 문자보다 완벽하게 실현해주고 있는 문자가 바로 한글이기 때문이다. 이러한 꿈을 더욱 소중히 간직하기 위해 그리고 그 꿈을 세계와 함께 나누기 위해 한글은 무형문화재가 되어야 하고, 이로써 더욱 존중받아야 한다.

한글은 한국의 대표 브랜드이자 인류의 소중한 문화유산이다. 무형문화재로 지정되면 무형유산협약에 따라 무형유산기금을 신청할 수 있고, 관련 전문 기구를 거쳐 유산 보호에 필요한 재정과 기술 지원도 받을 수 있다. 더불어 국제 협력과 지원이 가능해져 무형문화유산기금에 재정 지원과 기술 지원도 신청할 수 있다. 이렇게 되면 한글에 대한 국제적인 지명도와 관심 또한 높일 수 있고, 이에 따른 고용 기회 창출과 경제적 수익 증가 등도 기대할 수 있다. 한글의 무형문화재 지정은 한마디로 한글 문화산업을 크게 펼칠 수 있는 계기가 될 수 있는 것이다. 더불어 공동체의 자긍심을 고취할 수도 있다. 무엇보나 중요한 점은 사라져가는 소수 언어를 보존하고 기록하기 위한 도구로써 한글을 적극적으로 활용할 기회를 만들고, 그 기회를 넓힐 수 있다는 것이다.

이러한 가치와 효과가 있는 한글의 무형문화재 지정을 가능하게 하려면 우리 스스로 먼저 해야 할 노력이 있다. 그것은 첫째, 한글의 보편적 가치를 이론적, 실제적으로 잘 설명해놓은 《훈민정음》 해례본에 대한 연구를 더욱 활성화하고, 해례본 전문가를 양성해야 하며, 그 내용을 다양한 방식으로 가르치고 배우는 교육이 실행되어야 한다. 둘째, 한글의 문화적, 역사적 가치를 지키고 가꾸고 있는 한글박물관에 대한 애정과 지원이 필요하고, 이를 활용해 온 국민이 한글의 가치를 좀 더 많이 알고, 좀 더 많이 나눠야 한다. 마지막으로 무엇보다 중요한 점은 실제 한글을 쓰고 있는 우리 모두의 인식과 자세인데 우리 스스로 위대한 한글에 대한 자긍심을 가져야 하며, 실생활에서 부단히 한글을 제대로 부려 쓰려는 노력을 해야 한다.

참고문헌

누리집

국립국어원 www.korean.go.kr
국어문화운동본부 www.barunmal.com
디지털 한글박물관 www.hangeulmuseum.org
세종대왕기념사업회 www.sejongkorea.org
세종학교육원 cafe.daum.net/tosagoto
전국국어운동대학생연합회동문회 www.hanmal.pe.kr
조선왕조실록 sillok.history.go.kr
한글학회 www.hangeul.org
훈민정음가치연구소 hunminjeongeum.org

한글 관련 영상 프로그램

KBS. 세계로 한글로(이봉원 감독, 국어정보학회 제작). 1996.10.09.
MBC(청주). 한글의 힘(청주 MBC 창사 37주년 기념). 2007.10.26.
MBC. 천년의 리더쉽 CEO 세종. 2005.10.09.
MBC. 한글, 잔포르트의 ☆이 되다(시사교양 특집 한글날 특선다큐멘터리). 2008.10.09.

《훈민정음》 영인본/복간본

간송미술문화재단 편/김슬옹 해제(2015).《訓民正音》(복간본). 교보문고.
김민수 해제(1957).《注解 訓民正音》. 통문관.
서강대 인문과학연구소(1972).《월인석보(月印釋譜)》권1·2. 서강대학교.
세종대왕기념사업회(2003).《훈민정음》(종합 영인). 세종대왕기념사업회.
이상백(1957).《한글의 起源》. 통문관.
조규태·정우영 외(2007).《훈민정음 언해본 이본 조사 및 정본 제작 연구》. 문화재청.
조선어학회(1946).《訓民正音》(영인본). 보진재.
한글학회(1997).《訓民正音》(영인본). 해성사.

일반 문헌

강신항(1974 · 1995: 증보판). 《譯註 訓民正音》(문고본). 신구문화사.

국립국어원 편(2008). 《알기 쉽게 풀어 쓴 훈민정음》. 생각의나무.

권재선(1988). 《국어학 발전사》(합본호). 우골탑.

권재선(1995: 깁고 고친판). 《훈민정음 해석 연구》. 우골탑.

김경선(2017). 〈인공지능 기반 언어 처리 기술—자연어 대화 인터페이스를 중심으로〉.
《새국어생활》 27권 4호. 국립국어원.

김광해(1989). 〈훈민정음과 108〉. 《주시경학보》 4. 주시경연구소.

김동소(2003). 《중세 한국어 개설》. 한국문화사.

김동진(2010). 《파란눈의 한국혼 헐버트》. 참좋은친구.

김무림(2004). 《국어의 역사》. 한국문화사.

김봉좌(2010). 〈조선 시대 유교의례 관련 한글문헌 연구〉. 한국학중앙연구원 한국학대학
원 박사학위논문.

김석득(2009). 《우리말 연구사》. 태학사.

김슬옹 글/강수현 그림(2015). 《누구나 알아야 할 훈민정음, 한글이야기 28》. 글누림.

김슬옹 글/지문 그림(2017). 《역사가 숨어 있는 한글가온길 한바퀴》. 해와나무.

김슬옹(2007). 《28자로 이룬 문자혁명 훈민정음》. 아이세움.

김슬옹(2011). 《세종대왕과 훈민정음학》(부록 입체영인). 지식산업사.

김슬옹(2012). 《조선시대의 훈민정음 발달사》. 역락.

김슬옹(2013). 《세종 한글로 세상을 바꾸다》. 창비.

김슬옹(2013). 《한글 우수성과 한글 세계화》. 한글파크.

김슬옹(2013). 《한글을 지킨 사람들》. 아이세움.

김슬옹(2015). 《퀴즈 세종대왕》. 한글파크.

김슬옹(2015). 《훈민정음 해례본: 한글의 탄생과 역사》(간송본 복간본 해제). 교보문고.

김슬옹(2017). 《한글혁명》. 살림터.

김슬옹(2017 · 2018: 개정증보판). 《훈민정음 해례본 입체강독본》. 박이정.

김슬옹 · 김웅(2017). 《한글 대표선수 10+9》. 창비.

김윤경(1954). 《한국문자급어학사》. 동국문화사.

김정대(2008). 〈한글은 자질문자인가 아닌가?〉. 《한국어학》 41집. 한국어학회.

김정수(1990). 《한글의 역사와 미래》. 열화당.

김종택(1976). 〈한글의 문자론적 위상—그 개선점을 중심으로〉. 간행위원회 편. 《한국어

문논총》(우촌 강복수 박사 회갑 기념 논문집).

김주인(2013).《훈민셩음》. 민음사.

리의도(2019).《한글학회 110년의 역사》. 한글학회.

문효근(1993).〈훈민정음 제자 원리〉.《세종학 연구》 8. 세종대왕기념사업회.

민현식(2011).〈甲子 上疏文의 텍스트 언어학적 分析 硏究〉.《語文硏究》 39권 3호.. 한국어문연구회.

박병천(2016).〈세종의《훈민정음》에 숨겨진 불교적 숫자와 그 의미:《훈민정음》예의편의 전체 한자 숫자와 그 종류〉.《월간서예》 422호. 미술문화원.

박상미 외(2015).〈한글 무형문화재 지정 방안 연구〉. 문화재청.

박양춘(1998).〈외국에서 본 한글〉.《한글 새소식》 313호.(9월호). 한글학회.

박영준·시정곤·정주리·최경봉(2002).《우리말의 수수께끼: 역사 속으로 떠나는 우리말 여행》. 김영사.

박용규(2012).《조선어학회 항일투쟁사》. 한글학회.

박종국(2007).《훈민정음 종합 연구》. 세종대왕기념사업회.

박창원(2005).《훈민정음》. 신구문화사.

반재원·허정윤(2007).《한글 창제 원리와 옛글자 살려 쓰기: 한글 세계 공용화를 위한 선결 과제》. 역락.

방종현(1946).《훈민정음》. 진학출판협회.

백두현(2007).〈한글을 중심으로 본 조선 시대 사람들의 문자생활〉.《서강인문논총》 22집. 서강대학교 인문과학연구소.

백두현(2009).〈훈민정음을 활용한 조선 시대의 인민 통치〉.《진단학보》 108호. 진단학회.

베르너 사세Werner Sasse(2005). Hangeul: Combining Traditional Philosophy and a Scientific Attitude.《제2회 한글문화 정보화 포럼 자료(559돌 한글날 기념)》. 한글 인터넷 주소 추진 총연합회.

변정용(1996).〈한글의 과학성〉.《함께 여는 국어교육》 29호(가을호). 전국국어교사모임.

사재동(2010).〈훈민정음 창제·실용의 불교문화학적 고찰〉.《국학연구론총》 5집. 택민국학연구원.

서상규(2017).《최현배의 우리말본 연구 1》. 한국문화사.

세종대왕기념사업회(1987).《세종대왕 연보》. 세종대왕기념사업회.

안병희(2007).《훈민정음 연구》. 서울대출판부.

오동춘(1996).〈주시경의 상동청년학원과 하기 국어강습소〉.《한힌샘 주시경 연구》 9집.

한글학회.

이극로(1932). 〈훈민정음의 독특한 성음 관찰〉. 《한글》 5호. 조선어학회.

이극로(1941). 〈" · " 음가를 밝힘〉. 《한글》 83호. 조선어학회.

이기문(2007). 〈한글〉. 《한국사 시민 강좌》 23집. 일조각.

이대로(2008). 《우리 말글 독립운동 발자취》. 지식산업사.

이대로(2008). 《우리말글 독립운동의 발자취—배달말 힘 기르기의 어제와 오늘》. 지식산
업사.

이상규(2011). 《한글 고문서 연구》. 경진.

이상규(2013). 《조선어학회 33인 열전: 민족의 말은 정신, 글은 생명》. 역락.

이상혁(2004). 《훈민정음과 국어 연구》. 역락.

이윤재(1929). 〈한글강좌 1강 한글의 말뜻〉. 《신생》 2권 9호. 신생사.

이전경(2013). 〈조선 초기의 문자정책〉. 《동서양의 문자정책》. 연세대학교 인문학연구원
HK문자연구사업단.

이정호(1972). 《(해설 역주) 訓民正音》. 한국도서관학연구회.

이정호(1986: 개정판). 《국문 · 영문 해설 역주 훈민정음》. 보진재.

이한우(2006). 《세종. 조선의 표준을 세우다》. 해냄출판사.

이현희(1997). 〈훈민정음〉. 《새국어생활》 7권 4호. 국립국어연구원.

이혜숙(2005). 〈디자인으로서의 한글과 다자이너로서의 세종〉. 국민대 테크노디자인 전
문대학원 석사학위논문.

이희승(1947). 〈신어 남조 문제〉. 《조선어학논고》. 을유문화사.

임용기(1991). 〈훈민정음의 삼분법 형성 과정〉. 연세대 대학원 박사학위논문.

정우영(2001). 〈《訓民正音》 한문본의 낙장 복원에 대한 재론〉. 《국어국문학》 129호. 국어
국문학회.

정우영(2005). 〈훈민정음 언해본의 성립과 원본 재구〉. 《국어국문학》 139호. 국어국문학회.

정윤영(2019). 〈우리글이 너무 어렵다구요?〉, www.facebook.com/jeongyuneong.

정재환(2013). 《한글의 시대를 열다: 해방 후 한글학회 활동 연구》. 경인문화사.

정희성(1989). 〈수학적 구조로 본 훈민정음의 창제 원리〉. 《1989년도 한글날 기념 학술
대회 논문집》. 한국인지과학회 · 정보과학회.

정희성(1994). 〈훈민정음의 창제 원리를 위한 과학 이론의 성립〉. 《한글》 224호. 한글학회.

조규태(2010: 개정판). 《번역하고 풀이한 훈민정음》. 한국문화사.

주경희 · 김슬옹 · 이승연 · 김일환(2013). 《국어 진흥 운동의 이론적 기반 연구》. 국립국

어원.

최경봉 · 시정곤 · 박영준(2008). 《한글에 대해 알아야 할 모든 것》. 책과함께.

최기호(2002). 〈신숙주의 《해동제국기》에 대한 고찰〉. 《한힌샘 주시경 연구》 14 · 15집. 한글학회.

최영선 편저(2009). 《한글 창제 반대 상소의 진실》. 신정.

최용기(2010). 《한국어 정책의 이해》. 한국문화사.

최종민(2003). 〈훈민정음과 세종악보의 상관성 연구〉. 상명대 대학원 박사학위논문.

최현배(1942 · 1982: 개정판). 《한글갈》. 정음문화사.

최현배(1953). 《우리말 존중의 근본 뜻》. 정음사.

클라우스 슈밥 · 송경진 옮김. 《클라우스 슈밥의 제4차 산업혁명》. 새로운현재.

한국민족미술연구소 편(1996). 《간송 전형필》. 한국민족미술연구소.

한재준(1996). 〈훈민정음에 나타난 한글의 디자인적 특성에 관한 연구〉. 《디자인학연구》 17호. 한국디자인학회.

한재준(2013). 〈더 좋은 한글, 어떻게 이룰 것인가?〉. 현장이 원하는 '새정부 문화정책' 연속 토론회: 문화의 국제 기여와 경쟁력 강화. 4차 토론회 주제1: 《한글과 산업 자료집》.

한태동(2003). 《세종대의 음성학》. 연세대출판부.

허경무(2008). 《한글 서체의 원형과 미학》. 묵가.

홍기문(1946). 《正音發達史》 (상 · 하 합본). 서울신문사출판국.

홍승표 외(2017). 《동양사상에게 인공지능 시대를 묻다》. 살림터.

홍윤표(2010). 〈한글을 어떻게 배워왔을까요?〉. 국립국어원 소식지 《쉼표. 마침표》 60호 (11월호: 웹진). 국립국어원.

홍현보(2019). 《언문》. 이회.

Bell, E. C.(1867). *Visible speech*, Knowledge Resources Inc.

Gelb. I. J.(1952 · 1963). *A Study of Writing*. University of Chicago Press.

Kim-Cho Sek. Yen.(2001). *The Korean Alphabet of 1446 : exposition. OPA. the Visible Speech Sounds. Translation with annotation, Future applicability.* Humanity books & AC Press(아세아문화사).

Man, J.(2001). *ALPHA BETA : How 26 Letters Shaped The Western World*. John Wiley & Sons. Inc ; 남경태 옮김(2003). 《세상을 바꾼 문자 알파벳》. 예지.

Sampson, G.(1985). *WRITING Systems : A linguistic introduction*. London: Hutchinson Publishing Group : 신상순 옮김(2000). 《세계의 문자 체계》. 한국문화사.

Margaret Thomas(2011). *King Sejong the Great(1397-1450)*. *Fifty Key Thinkers on Language and Linguistics*. London and New York: Routledge.

小倉進平(1940). 《增訂補注 朝鮮語學史》. 東京: 刀江書院.

野間秀樹(2010). 《ハングルの誕生―音から文字を創る》. 平凡社 : 김진아 · 김기연 · 박수진 옮김(2011). 《한글의 탄생 : 〈문자〉라는 기적》. 돌베개.

참고문헌

부록
한글 해적이(연표)

1443년 12월(세종 25년 47세)	세종이 훈민정음 28자 창제를 알리다.
1444년 2월 16일(세종 26년 48세)	집현전에 《고금운회》(중국어 발음 관련 책)를 언문으로 풀어 쓰도록 하다. 최항, 박팽년, 신숙주, 강희안, 이개, 이선로 등에게 의사청에 나아가 언문으로 《운회》를 번역하게 하고, 동궁(훗날 문종)과 진양대군(훗날 수양대군), 안평대군으로 하여금 그 일을 관장하게 하다.
1444년 2월 20일(세종 26년 48세)	집현전 부제학 최만리가 신석조, 김문, 정창손, 하위지, 송처검, 조근 등과 더불어 훈민정음에 반대하는 7인 연합 언문 반대 상소문을 올리다.
1444년 2월 20일(세종 26년 48세)	세종이 언문 반대 상소를 올린 최만리 등을 불러 언문은 백성을 편안하게 하려는 것이라고 답하고 《삼강행실》 등을 언문으로 번역하면 교화에 효과가 있을까에 대해서는 정창손과 논쟁을 벌이다.
1445년 1월 7일(세종 27년 49세)	신숙주, 성삼문, 손수산을 요동에 보내 황찬에게 운서에 대해 질문하여오게 하다.
1445년 4월 5일(세종 27년 49세)	권제, 정인지, 안지 등이 《용비어천가》 10권(총 125장)을 지어 올리다.(간행은 1447년)
1446년 9월 상순(세종 28년 50세)	세종은 정인지, 최항, 박팽년, 신숙주, 성삼문, 강희안, 이개, 이선로 등과 더불어 《훈민정음》 해례본을 펴내 새 문자 훈민정음을 만백성들에게 알리다.
1446년 10월 10일(세종 28년 50세)	세종이 대간의 죄를 일일이 들어 훈민정음으로 써서, 환관 김득상에게 명하여 의금부와 승정원에 보이게 하다.
1446년 11월 8일(세종 28년 50세)	언문청을 설치하다.
1446년 12월 26일(세종 28년 50세)	세종이 이과(吏科)와 이전(吏典) 등의 하급 관리 시험에 《훈민정음》 해례본을 시험 과목으로 정하다.
1447년 4월 20일(세종 29년 51세)	관리 시험에 먼저 《훈민정음》 해례본을 시험하여 합격한 자에게만 다른 시험을 보게 하다.
1447년 7월(세종 29년 51세)	세종의 명으로 둘째 아들 수양대군이 훈민정음을 이용해 신미대사 (김수성), 김수온 형제 등의 도움으로 《석보상절》을 저술하다(간행

한글교양

	은 1449년).
1447년 7월(세종 29년 51세)	세종이 직접 훈민정음으로 《월인천강지곡》을 저술하다(간행은 1449년 추정). 다른 책들과는 달리 한글을 크게, 한자를 작게 편집하다.
1447년 9월(세종 29년 51세)	신숙주 등이 훈민정음으로 한자 발음을 표기한 《동국정운》, 《사성통고》를 편찬하다.
1447년 10월 16일(세종 29년 51세)	훈민정음으로 표기한 《용비어천가》 550본을 신하들에게 내려 주다.
1448년 3월 28일(세종 30년 52세)	김구에게 언문으로 사서(논어, 맹자, 중용, 대학)를 번역하게 하다. 세종대에 완성 못 하고 선조 때 마무리했다.
1448년 7월(세종 30년 52세)	좌의정 하연 등을 빈청에 불러, 환관 김득상과 최읍으로 하여금 언문 문서 두어 장을 가지고 오게 한 뒤, 사관을 물리치고 비밀히 의논하다.
1448년 10월 17일(세종 30년 52세)	《동국정운》을 성균관 · 사부학당 및 각 도에 내려주다.
1449년 10월 5일(세종 31년 53세)	어떤 사람이 하정승을 비난하는 언문 글(하정승아, 또 공사를 망령되게 하지 마라)을 벽 위에 쓰다.
1449년 12월 28일(세종 31년 53세)	한양에 온 중국 사신들에게 신숙주, 성삼문 등으로 하여금 훈민정음으로 표기한 운서에 대해 질문하게 하다.
1450년 윤 1월 3일(세종 32년 54세)	성삼문, 신숙주, 손수산에게 명하여 운서를 중국 사신에게 묻게 하다.
1452년(단종 즉위년)	정음청을 폐지하다.
1453년 4월 2일(단종 1년)	궁녀가 혜빈에게 바친 언문 편지에서 별감과 궁녀의 사랑 문제로 문제가 되다.
1455년(단종 3년)	《홍무정운역훈》을 펴내다.
1458년 8월 24일(세조 4년)	중궁이 임금에게 감형을 청하는 공문서를 언문으로 보내다.
1459년(세조 5년)	《월인천강지곡》과 《석보상절》을 합편하여 《월인석보》를 펴내며 《훈민정음》 해례본 가운데 세종대왕이 직접 지은 서문과 예의 부분만을 《월인석보》 제1 · 2권 머리 부분에 싣다.
1461년(세조 7년)	간경도감을 설치하다. 《능엄경언해》를 활자로 펴내다.
1462년(세조 8년)	간경도감에서 《능엄경언해》 목판본을 펴내다. 이후 같은 기관에서 8종의 불경이 한글로 번역 간행되다.
1464년 4월(세조 10년)	간경도감에서 《선종영가집언해》 2권, 《금강경언해》 1권, 《심경언해》 1권, 《아미타언해》 1권을 간행하다.
1464년 4월(세조 10년)	청도군에서 《신간배자예부운략》, 《옥편》, 《원각경언해》를 간행하다.

1464년(세조 10년)	상원사 중창권선문(현존하는 최고의 한글 필기본)이 이구어시나.
1466년(세조 12년)	《구급방언해》를 펴내다.
1466년(세조 12년)	인수대비가 《내훈》을 펴내다.
1471년(성종 2년)	간경도감을 폐지하다.
1481년(성종 12년)	《두시언해》를 완성하여 펴내다. 《삼강행실도언해》를 펴내다.
1485년(성종 16년)	《불정심다라니경언해》, 《오대진언집》, 《영험약초》 등을 간행하다.
1493년(성종 24년)	《악학궤범》을 펴내다.
1495년(연산군 1년)	세종의 명복을 빌기 위해 《법화경언해》, 《능엄경언해》, 《심경언해》, 《영가집언해》, 《석보상절》 등을 중간하다.
1496년(연산군 2년)	현실 한자음으로 독음을 단 《육조단경언해》, 《시식권공언해》를 펴내다.
1504년(연산군 10년)	7월 19일 연산군의 잘못을 지적하는 언문 익명서 사건이 일어나다.
1504년(연산군 10년)	7월 20일 연산군이 한글 가르치기를 금지시키고 한글로 된 책들을 불사르게 하다. 단 한문을 한글로 옮긴 책은 제외하다.
1505년 5월 22일(연산군 11년)	겸사복 벼슬의 한곤이란 자가 그의 첩 채란선에게 예쁘게 꾸미면 궁중에 뽑혀 들어갈 것이니 꾸미지 말라고 하는 언문 편지를 보냈다가 사지가 찢겨 죽는 언서 죄율에 처하다.
1506년 5월 29일(연산군 12년)	공노비, 사노비와 평민 여인(양녀)을 막론하고 언문(한글)을 아는 여자를 각원(各院)에서 두 사람씩 뽑아 들이게 하다.
1506년 9월 4일(중종 1년)	언문청을 폐지하다.
1514년(중종 5년)	《속삼강행실도》를 펴내다.
1517년(중종 12년)	최세진이 편찬한 《사성통해》를 펴내다.
1518년(중종 13년)	《번역소학》, 《이륜행실도》를 펴내다.
1520년(중종 15년)	최세진이 《노걸대언해》, 《박통사언해》, 《노박집람》 등을 편찬하다.
1523년(중종 18년)	《묘법연화경언해》를 간행하다.
1523년(중종 18년)	《소학언해》를 편찬하여 널리 보급하다.
1527년(중종 22년)	최세진이 지은 《훈몽자회》에 한글 자모 이름이 최초로 기록되다.
1536년(중종 31년)	이문건이 최초의 한글 금석문인 양주 영비각자를 세우다.
1545년 7월 21일(인종 1년)	이언적이 《소학언해》를 간행하다
1553년 6월(명종 8년)	장단 보봉산 화장사에서 《불설대보부모은중경언해》를 개판하다.

1587년(선조 20년)	교정청에서 《소학언해》를 펴내다.
1590년(선조 23년)	교정청에서 사서인 논어·맹자·중용·대학 사서를 한글로 번역하고 풀이해 펴내다.
1607년(선조 40년)	허균이 최초의 창작 한글 소설 《홍길동전》을 짓다.
1608년 1월(선조 41년)	내의원에서 《언해두창집요》를 간행하다.
1608년(선조 41년)	허준의 《언해태산집요》를 간행하다.
1610년 5월 5일(광해군 2년)	의금부에서 벌을 받고 죽은 이홍로의 처 기씨가 의금부에 언문 청원서(소지)를 올리자, 언문으로 상언하는 일이 전례에는 없지만 부득이 접수하다.
1617년(광해군 9년)	《동국신속삼강행실도》를 펴내다.
1636년 12월 ~ 1640년 8월(인조 14~18년)	남평 조씨가 병자호란 경험을 한글로 기록한 《병자일기》를 쓰다.
1670년(현종 1년)	안동 장씨(장계향)가 한글 조리서 《음식디미방》을 펴내다.
1675년(숙종 1년)	숙종이 공문서에서 한글 사용을 금하는 직접 쓴 교지를 내리다.
1678년(숙종 4년)	최석정이 《경세훈민정음도설》을 짓다.
1687~1692년(숙종 5~18년)	김만중이 《서포만필》에서 한글을 '국서(나랏글)'라 부르고, 《구운몽》, 《사씨남정기》 등의 한글 소설을 짓다.
1691년(숙종 17년)	숙종이 《훈민정음후서》를 짓다.
1747년(영조 23년)	박성원이 《화동정음통석운고》를 짓다.
1750년(영조 26년)	신경준이 《훈민정음운해(저정서)》를 짓다.
1751년(영조 27년)	홍계희가 《삼운성휘》를 엮다.
1790년 8월 10일(정조 14년)	전기수가 한글 소설을 읽어주다 살해되는 사건이 정조에게 보고되었고 정조는 이를 가소로운 죽음으로 여기다.
1795년(정조 19년)	혜경궁 홍씨가 한글 표기 회고록인 《한중록》을 펴내다.
1797년(정조 21년)	《오륜행실도》 언해서를 펴내다.
1809년(순조 9년)	빙허각 이씨가 백과사전 《규합총서》를 펴내다.
1824년(순조 24년)	유희가 《언문지》를 짓다.
1846년(현종 12년)	석범이 《언음첩고》를 짓다.
1880년(고종 17년)	《한불자전》이 일본 요코하마에서 간행되다.
1882년(고종 19년)	《누가복음》, 《요한복음》을 번역하여 펴내다.

1889년(고종 26년)	헐버트가 한글의 우수성을 영문 논설고 세세에 밀니나.
1891년(고종 28년)	헐버트가 우리나라 최초의 한글전용 인문 지리 교과서 《사민필지》를 출간하다.
1892년(고종 29년)	이준영, 정현 등이 《국한회어》를 편찬하다.
1894년(고종 31년)	갑오경장으로 우리글을 국문(國文), 우리말을 국어(國語)라 하고 한글을 주류 공식 문자로 선언하는 칙령을 내각에 지시하다.
1895년 5월 1일(고종 32년)	국문(언문, 한글)을 주류 공식 문자로 선언하고 국한문 혼용을 허용하는 국문 칙령을 반포하다.(내각에는 1894년 11월 21일에 지시)
1895년(고종 32년)	유길준이 《서유견문》을 지어 펴내다.
1896년(건양 원년)	서재필이 최초의 한글 신문 《독립신문》을 창간하다.(창간호는 《독닙신문》)
1896년(건양 원년)	주시경이 독립신문사에서 국문동식회를 창립하여 오늘날 한글 맞춤법의 기초를 세우다.
1897년(광무 1년)	이봉운이 《국문정리》를 펴내다.
1901년(광무 5년)	주시경이 《국어문법》을 펴내다.
1904년 7월 18일(광무 8년)	한글판 신문인 《대한매일신보》가 간행되다.(1904.07.18.~ 1905. 03.09.: 한글판, 1905.08.11.~1907.05.22.: 국한문 혼용, 1907.05.23. ~1910.10.28.: 순한글판과 국한문혼용판, 1905.08.11.: 영문판 병행)
1905년(광무 9년)	지석영이 《신정국문》을 펴내다.
1906년(광무 10년)	최초의 순한글 월간지 《가정잡지》가 발행되다.
1907년(융희 1년)	국문 연구 기관인 국문연구소를 7월 8일 학부에 설립하여 한글 맞춤법을 연구하다.(1909년 12월 28일 연구보고서인 《국문연구의정안》 제출)
1907년(융희 1년)	학부 안에 국문연구소를 설치하다.
1908년 8월 31일(융희 2년)	주시경과 그의 제자들이 서울 봉원사(신촌 안산)에서 국어연구학회(회장: 김정진)를 창립하다.
1908년(융희 2년)	주시경이 《국어문전음학》을 펴내다.
1909년(융희 3년)	국문연구소에서 《국문연구의정안》을 완성하다. 유길준이 《대한문전》을 펴내다.
1910년(융희 4년)	주시경이 "말이 오르면 나라도 오르나니라"라는 〈한나라말〉(보중친목회보)을 발표하다.
1912년	조선총독부 학무국에서 《보통학교용 언문 철자법》을 공포하다.

1913년	아동잡지 《아이들보이》에 '한글풀이'란을 만들다.
1914년	주시경이 《말의소리》를 펴내다. 주시경 돌아가시다. 최초의 한글 타자기인 이원익 5벌식 타자기가 나오다.
1916년	김두봉이 《조선말본》을 펴내다.
1919년	이병기, 신명균, 권덕규 등이 조선어학회를 조직하다.
1920년	《조선일보》와 《동아일보》가 창간되다. 조선총독부에서 《조선어 사전》을 펴내다.
1921년 12월 3일	조선어연구회 발기인대회를 열다(장소: 휘문고등보통학교).
1921년	조선어연구회(현 한글학회)가 창립되다.
1922년	김두봉이 《깁더조선말본》을 중국 상해에서 펴내다.
1926년 11월 4일(음력 9월 29일)	조선어연구회가 신민사와 함께 '가갸날'을 선포(한글 반포 8회갑=480돌)하다.
1927년 2월 10일	조선어연구회에서 동인지 《한글》을 창간하다.
1928년 11월 11일(음력 9월 29일)	'가갸날'을 '한글날'로 명칭을 고치다.
1929년 10월 31일	이극로, 신명균, 이윤재, 이중건, 최현배 등의 주도로 조선어사전편찬회가 결성되어 우리말사전 편찬사업을 시작하다.
1929년	최현배가 《우리말본》(첫째매)를 펴내다.
1930년	조선총독부에서 《언문철자법》을 펴내다.
1931년 10월 29일	음력으로 기념해오던 '한글날'을 수학 전문가 이명칠이 환산하여 양력 10월 29일로 정하여 기념하다.
1931년	조선어연구회를 조선어학회로 바꾸고 박승빈 중심의 조선어학연구회 모임을 결성하다.
1932년 5월 1일	조선어학회에서 우리나라 최초의 국어학-언어학 학술지 《한글》을 창간하다.
1933년 10월 29일	'한글맞춤법통일안'을 제정 공포하다.(조선어철자법통일안 확정은 10월 19일)
1933년	조선어학회에서 《한글맞춤법통일안》을 펴내다.
1934년 10월 28일	한글날을 그레고리력으로 고쳐 10월 28일로 정하여 기념하다.
1934년	조선어학연구회가 기관지 《정음》을 창간하다.
1935년	박승빈이 《조선어학》을 펴내다.
1936년 10월 29일	조선어학회에서 표준어 사정안인 〈조선어 표준말 모음〉을 발표하다.

251

1936년	조선어학회에서 《사정한 조선어 표준말 모음》을 펴내다.
1937년	조선어학회에서 〈한글 가로 풀어쓰기안〉을 채택하다. 최현배가 《우리말본》을 펴내다.
1938년	일제가 학교의 조선말 교육을 금지하다. 김윤경의 《조선문자 급 어학사》를 펴내다. 문세영이 《조선어 사전》을 펴내다.
1940년	경상북도 안동에서 이용준에 의해 《훈민정음》 해례본(한문본) 원본이 발견되다. 간송 전형필이 이를 사들여 송석하의 모사본을 통해 일부 전문가들에게만 공개하고 홍기문과 방종현이 정음해례편(제자해, 초성해, 중성해, 종성해, 합자해, 용자례)만 번역하여 《조선일보》에 연재하다(7.30~8.4).
1940년	조선어학회에서 《외래어표기법통일안》을 펴내다. 한글날을 10월 9일로 바꾸다. 일제가 조선말로 된 책의 출판을 금지하다.
1942년	최현배가 《한글갈》을 펴내다. 조선어학회 사건이 일어나다.
1945년	일제에서 해방되자 미군정청 학무국에서 '한자는 없애고, 모든 글은 가로쓰기'로 결정하다.
1945년 9월	조선어학회에서 '국어교과서편찬위원회'를 설립하고 교과서 편찬에 착수하다.
1945년 9월	조선어학회가 조선어학회 파견 강사를 전국에 보내 《한글맞춤법통일안》을 보급하면서 국어 재건사업을 시작하다.
1945년 10월 9일	조선어학회에서 《훈민정음》 해례본에 나온 간행 날짜인 음력 9월 상순의 마지막 날인 음력 9월 10일을 훈민정음 반포일로 잡고 이를 양력으로 환산하여 1446년 10월 9일이 한글 반포의 날임을 확정하다.
1945년 11월	최초의 대한민국 공식 국어교과서인 《한글 첫걸음》을 발행하다.
1946년 10월 9일	한글 반포 500돌을 맞이하여 미군정청에서 '한글날'을 공휴일로 정하다. 조선어학회가 중심이 되어 성대한 한글날 기념식을 치르다. 최초의 《훈민정음》 해례본 영인본(조선어학회)이 나오다.
1946년	홍기문이 《정음 발달사》를 펴내다.
1947년	조선어학회에서 《조선말 큰사전》 첫 권을 펴내다. 공병우가 세벌식 가로쓰기 타자기를 개발하다.
1948년	국회에서 〈한글전용법〉이 통과되었으나 실제로는 이루어지지 않다. (국어기본법은 2005년에 제정 시행)
1948년 10월 9일	대한민국 국회 한글전용법을 제정하다.(대한민국의 공용문서는 한글로 쓴다. 다만 얼마 동안 필요한 때에는 한자를 병용할 수 있다 -

법률 제6호)

1949년	조선민주주의인민공화국(북한)이 한글전용을 단행하다.
1949년	'조선어학회'를 '한글학회'로 바꾸다.
1953년	한글 간소화 안이 공포되다(국무총리 훈령).
1954년	국무회의에서 한글 간소화 안을 통과시키자 각계에서 반대 성명을 발표하다.
1955년	대통령이 한글 간소화 안을 거두어들이다.
1955년	문화체육부에서 바탕체, 돋움체 등 9종의 한글 글자본을 개발 보급하다.
1956년 10월 9일	510돌 한글날 기념식장인 경기여자고등학교 강당에서 학·예술계와 교육계 중진 다수 및 28개 문화 단체 대표들의 발의로 세종대왕 기념사업회 발기 창립하다. 초대회장에 최규남 문교부장관, 부회장에 학계 내표 최현배, 교육계 대표 김활란을 선임하다.
1957년 10월 9일	《우리말 큰사전》 6권을 모두 펴내다.(1947년 첫째 권 출간)
1964년	모든 국어교과서에서 한자를 노출시켜 가르치기로 하다.
1967년 5월 5일	전국국어운동대학생연합회가 결성되다.(초대회장: 이봉원)
1968년	국무회의에서 한글전용 5개년 계획(안)이 의결되고 이어 1970년부터 한글전용을 실시하기로 결정하다.
1969년	네벌식 타자기를 표준자판 타자기로 공표하다. 장봉선이 첫 한글 사진 식자기와 사진 식자판을 개발하다.
1970년 9월 23일	외솔 최현배 정신을 기리는 외솔회를 창립하다.(초대회장: 홍이섭)
1972년 9월 5일	한글학회에서 한글 소식지 《한글 새소식》을 창간하다.
1975년 2월 22일	한글문화협회 산하에 전국국어운동고등학생연합회를 두다.(초대회장: 강태성, 지도교사: 오동춘)
1980년	한글학회에서 종래의 《한글맞춤법통일안》을 수정한 《한글 맞춤》법을 펴내다.
1981년 10월 9일	'한글날' 기념식이 정부(서울시) 주관으로 바뀌다(535돌).
1982년 5월 15일	'각종 기념일 등에 관한 규정'의 개정에 따라 '한글날' 기념행사에 관한 업무가 서울시에서 문화공보부 주관으로 바뀌다.
1984년 5월 10일	정부에서 국어연구소(현 국립국어원)를 세우다.(초대 소장 김형규)
1984년	김슬옹이 '연세대학교 서클연합회'를 '연세대학교 동아리연합회'로

바꿔 '동아리'라는 말을 보급하다.

1983년	한글 두벌식 표준자판을 공표하다.
1987년	정보교환용 한글 완성형 표준 코드를 정하다.
1988년 2월	공병우 박사가 미국에서 귀국하여 한글문화원이 문을 열다. 이찬진, 정래권 등 아래 한글 개발자들에게 사무실을 제공하여 1989년 아래아한글을 개발하게 하다. 전국국어운동대학생동문회 이대로 회장과 한국글쓰기연구회 이오덕 회장에게도 사무실을 제공하고 함께 한글운동을 펴다.
1988년 5월 15일	한글 반포 542년 만에 국민 모금으로 한글전용 신문인 《한겨레신문》이 창간되다.
1988년	문교부에서 국어연구소를 통해 종래의 한글맞춤법통일안을 수정하여 한글 맞춤법을 제정하다.
1989년	문교부에서 한글 맞춤법을 공포하다.
1990년 11월 5일	대통령령 13155호 '관공서의 공휴일에 관한 규정'이 공포됨에 따라 한글날이 공휴일에서 제외되다.
1991년 10월 1일	한글문화 단체 모두모임(회장: 안호상)이 정부와 국회에 '한글날 국경일 제정 청원서'를 제출하다.
1991년 2월	전국국어운동대학생연합회 학생들이 서울 탑골공원에서 한글날의 국경일 승격을 주장하며 거리 행진을 하다.
1991년	국어연구소를 국립국어원으로 확대 개편하다.
1997년	《훈민정음》 해례본(간송본)이 세계기록유산으로 등재되다.
1998년 5월 27일	우리말살리는겨레모임을 창립하다.(공동대표: 김경희, 이대로, 이오덕)
1998년	문화관광부에서 국어 정보화 중장기 발전계획인 '21세기 세종 계획'에 착수하다.
1999년	국립국어연구원에서 《표준국어대사전》을 펴내다.
2000년 10월 2일	신기남 의원 외 34명의 의원이 한글날 국경일 지정을 골자로 한 '국경일에 관한 법률 중 개정 법률안'을 발의하다. 이어 11월 15일에는 여야 의원들이 '한글날 국경일 추진을 위한 의원 모임'을 결성하다.
2000년 2월 22일	한글문화연대를 창립하다.(공동대표: 김영명, 정재환)
2001년 2월 5일	한글 단체와 각계 인사, 시민 등 10만여 명이 '한글날 국경일 제정 범국민 추진위원회'(위원장: 전택부, 본부장: 서정수, 사무총장: 이대로)를 결성하고 3월에 홍보물 첫째 호를 내다.

2001년	한국어세계화재단을 세우다.
2002년 10월 9일	세종문화회관에서 '한글날 국경일 제정 촉구대회'를 열다. 이 자리에서 〈한글날을 국경일로〉란 기록영화(이봉원 제작)를 상영하다.
2003년	한국어세계화재단에서 웹상에 디지털 한글 박물관을 열다.
2004년 11월 18일	이규택 의원이 대표로 '국경일에 관한 법률 중 개정 법률안'을 국회에 별도로 발의하다.
2004년 7월 15일	신기남 의원 등 여야 국회의원 67명이 한글날을 국경일로 승격시키기 위해 '국경일에 관한 법률 중 개정 법률안'을 국회에 공동 발의하다.
2005년 10월 9일	한글 단체들(한글날 국경일 제정 범국민추진위원회, 한글학회, 세종대왕기념사업회, 외솔회, 우리말살리는겨레모임, 전국국어운동 대학생동문회, 한글문화연구회, 국어문화운동본부, 한글문화연대, 한글사랑 누리통신 모임 등)이 국회의장과 행정자치위원장에게 2005년 중에 빈드시 '한글날 국경일 지정 법안'이 국회에서 통과되게끔 협조해달라는 긴의문을 발송하다.
2005년 12월 8일	국회 본회의에서 '한글날 국경일 지정 법안'이 만장일치로 통과되다.
2005년	남영신 등의 노력으로 '국어기본법'이 제정되고 발표되다.
2006년 10월 9일	한글이 세상에 나온 지 562년 만에 한글날을 국경일로 지정하다.(공휴일은 아님)
2007년	세종학당이 해외(몽골)에 처음으로 설치되다.
2009년	우리한글박물관을 충북 충주에 열다.(관장: 김상석)
2012년	세종학당재단을 설립하다.
2012년	한글날을 공휴일로 다시 지정하는 법령을 공포하다.
2013년 10월 9일	한글날이 국경일이자 공휴일인 첫해가 되다.
2014년	국립한글박물관을 열다.
2015년	간송미술문화재단이 최초의 《훈민정음》 해례본 복간본(김슬옹 해제, 교보문고)을 펴내다.

대우휴먼사이언스 025

한글교양
한국인이라면 알아야 할 한글에 관한 모든 것

1판 1쇄 펴냄 | 2019년 9월 30일
1판 4쇄 펴냄 | 2023년 1월 4일

지은이 | 김슬옹
펴낸이 | 김정호
펴낸곳 | 아카넷

출판등록 | 2000년 1월 24일(제406-2000-000012호)
주소 | 10881 경기도 파주시 회동길 445-3
전화 | 031-955-9511(편집) · 031-955-9514(주문) 팩시밀리 | 031-955-9519
책임편집 | 박수용
www.acanet.co.kr | www.phildam.net

ⓒ 김슬옹, 2019

Printed in Seoul, Korea.

ISBN 978-89-5733-648-9 03710

이 도서의 국립중앙도서관 출판예정도서목록(CIP)은 서지정보유통지원시스템
홈페이지(http://seoji.nl.go.kr)와 국가자료공동목록시스템(http://www.nl.go.
kr/kolisnet)에서 이용하실 수 있습니다.(CIP제어번호:CIP2019037065)